ADOLPHE JOANNE

GÉOGRAPHIE
DU JURA

12 gravures et une carte

HACHETTE ET CIE

GÉOGRAPHIE

DU DÉPARTEMENT

DU JURA

AVEC UNE CARTE COLORIÉE ET 12 GRAVURES

PAR

ADOLPHE JOANNE

AUTEUR DU DICTIONNAIRE GÉOGRAPHIQUE ET DE L'ITINÉRAIRE
GÉNÉRAL DE LA FRANCE

TROISIÈME ÉDITION

PARIS

LIBRAIRIE HACHETTE ET Cie

79, BOULEVARD SAINT-GERMAIN, 79

1882

Droits de traduction et de reproduction réservés

TABLE DES MATIÈRES

DÉPARTEMENT DU JURA

I	1	Nom, formation, situation, limites, superficie....	1
II	2	Physionomie générale..	2
III	3	Cours d'eau..	6
IV	4	Climat..	15
V	5	Curiosités naturelles.	16
VI	6	Histoire.	16
VII	7	Personnages célèbres.	26
VIII	8	Population, langue, culte, instruction publique...	29
IX	9	Divisions administratives..	30
X	10	Agriculture..	34
XI	11	Industrie..	36
XII	12	Commerce, chemins de fer, routes.	42
XIII	13	Dictionnaire des communes..	43

LISTE DES GRAVURES

1	Roches de Baume, d'après une photographie de M. Cloz..	3
2	Cascade des Planches, d'après le *Jura pittoresque* de M. Ch. Sauria.	7
3	Cascade de Flumen, d'après le *Jura pittoresque* de M. Ch. Sauria.	9
4	Lons-le-Saunier, d'après une photographie de M. Cloz.	19
5	Salins..	21
6	Arbois..	45
7	Ponts de Champagnole, d'après le *Jura pittoresque* de M. Ch. Sauria.	49
8	Dole..	53
9	Pont de Saint-Claude..	57
10	Orgelet.	61
11	Château du Pin, d'après une photographie de M. Cloz.	63
12	Poligny.	65

Typographie Lahure, rue de Fleurus, 9, à Paris.

DÉPARTEMENT
DU JURA

I. — Nom, formation, situation, limites, superficie.

Le département du Jura doit son *nom* à la chaîne de montagnes qui le traverse du nord-est au sud-ouest.

Il a été *formé*, en 1790, de la partie méridionale de la **Franche-Comté**, l'une des provinces qui constituaient alors la France.

Le Jura est *situé* dans la partie orientale de la France. Lons-le-Saunier, son chef-lieu, se trouve à 442 kilomètres au sud-est de Paris par le chemin de fer, à 320 kilomètres à vol d'oiseau.

Il a pour limites : au nord, le département de la Haute-Saône ; au nord-ouest, celui de la Côte-d'Or ; à l'ouest, celui de Saône-et-Loire; au sud, celui de l'Ain ; à l'est, la Suisse (canton de Vaud) et le département du Doubs. Les frontières sont presque partout conventionnelles ; toutefois le département a aussi des frontières naturelles ; telles sont : au nord, l'Ognon, qui le sépare de la Haute-Saône ; au sud, l'Ain et, au sud-est, la Valserine qui séparent sur une longueur de 52 kilomètres le Jura du département de l'Ain. Au nord-ouest, des biefs et la petite rivière la Sablonne servent sur 34 kilomètres de ligne de démarcation entre Saône-et-Loire et la Côte-d'Or. Enfin, à l'est, les sommités du mont Jura forment une haute muraille entre le département et la Suisse.

La *superficie* du Jura est de 499,401 hectares. Sous ce rapport, c'est le 75ᵉ département de France : en d'autres termes,

74 sont plus étendus. Sa plus grande *longueur*, — du nord au sud, depuis le cours de l'Ognon au nord de Chassey, jusqu'à l'embouchure de la Valouse dans l'Ain, — est d'environ 115 kilomètres. Sa plus grande *largeur*, — de l'est à l'ouest, de l'extrémité sud-est de la commune de Mignovillard à l'extrémité ouest de celle de Chapelle-Voland, — est de 63 kilomètres. Enfin son *pourtour* est de 400 kilomètres environ, si l'on ne tient pas compte des sinuosités secondaires.

II. — Physionomie générale.

Le département du Jura se divise en trois régions naturelles distinctes : la région des montagnes, celle des collines ou vignobles et celle des plaines.

La **montagne** est formée par sept chaînons calcaires dont la constitution géologique appartient à une classe particulière de terrains désignés sous le nom de terrains jurassiques. Ces chaînons sont, en allant de l'est à l'ouest, le Risoux, le Mont-Noir, les Hautes-Joux, le Maclus, la Fraisse et Leutte. Ils s'étendent parallèlement, du nord-est au sud-ouest, en s'abaissant de l'est à l'ouest, de sorte que le Jura ressemble à un escalier colossal dont les degrés seraient des monts escarpés portant des plateaux, et qui monterait, des plaines de la Saône, du Doubs, de la Loue et de la Bresse, jusqu'à la longue et haute crête (le point culminant dépasse 1700 mètres d'altitude) séparant la France de la Suisse.

Près des limites ou sur les limites communes à ces deux pays s'élèvent les cimes les plus hautes du département : la Serra, ou Crêt-Pela, atteint 1496 mètres ; le *Noirmont*, au-dessus et à l'est du lac des Rousses, a 1550 mètres : c'est le point culminant du département. Ce point est 28 fois plus haut que le clocher d'Orgelet (55 mètres), édifice le plus élevé du département, mais trois fois moins que le Mont-Blanc (4810 mètres), la plus haute montagne de la France et même de l'Europe. Le sommet le plus élevé du Risoux, le *Crêt-à-la-Dame*, qui se dresse à l'ouest du lac des Rousses, a

Roches de Baume, d'après une photographie de M. Cloz.

1386 mètres. A l'ouest de cette arête principale, peu de sommets dépassent 950 mètres.

Ce n'est que vues de haut ou de loin, ou sur une carte à petite échelle, que les montagnes du Jura se présentent sous la forme régulière de chaînons parallèles ; parcourues en détail elles sont un chaos de chaînons, de pics, d'arêtes, de roches calcaires déchiquetées, de plateaux froids, tourbeux et marécageux, de *cluses* ou gorges étroites et profondes, de vallées remplies de belles grottes et dont de jolis lacs occupent le fond.

Ces vallées sont tour à tour charmantes et grandioses : leurs prairies sont ravissantes; du pied de rochers à pic jaillissent des sources vives ; çà et là tombent de grandes et de petites cascades, et des gorges silencieuses et sauvages s'ouvrent à chaque pas sur les rives des torrents. La vallée de l'Ain, célèbre par la belle source de sa rivière, par ses magnifiques fontaines qui font aussitôt mouvoir des usines, par les gorges de la Perte de l'Ain et la cascade du Saut de la Saisse, est une des plus pittoresques de France. D'autres, comme celle de la Saine, où l'on admire le sombre défilé de la Langouette ; celles de la Lemme, du Hérisson et du Drouvenant, remarquables par leurs cascades et leurs fontaines ; celle de la Bienne, avec ses gorges resserrées et profondes, avec sa vallée et sa source de Vaucluse ; celles du Tacon, torrent rapide où se précipitent de nombreuses cascatelles, du Longviry, etc., sont aussi fort belles.

Les hauts plateaux sont remplis d'abîmes où se perdent les eaux qui vont former les belles fontaines des vallées. Quand ils ne sont pas recouverts de forêts, comme au sud et à l'est d'Arbois et de Poligny, ils sont tristes et monotones, comme le Grandvaux et le Val de Miéges. Le *Grandvaux*, où s'élève le bourg de Saint-Laurent, se trouve compris entre deux hautes montagnes parallèles, se dirigeant du nord au sud et appelées, l'une la Joux-Devant et l'autre la Joux-Derrière. Jadis couvert de forêts aujourd'hui détruites, il est hérissé de petits monticules à pentes stériles, au pied desquels s'étendent des pâturages parsemés de rochers, de taillis et bouquets de bois, de maisons et de hameaux. Le climat en est très-froid et surtout très-variable. Le *Val de Mièges* est un plateau ondulé, vaste de plus de 50,000 hectares, compris entre les montagnes de la Fresse, à l'ouest, et celle de la Haute-Joux, à l'est. Son altitude varie de 740 à 860 mètres. Une éminence, plus saillante que les autres, le coupe, du sud-ouest au nord-est, en deux parties inégales, dont l'une, celle du nord, a retenu plus spécialement le nom de Val de Mièges, tandis que l'autre s'appelle plutôt Val de Sirod.

La chaîne la plus basse du Jura, la dernière à l'ouest, n'a que 450 à 600 mètres d'altitude (le mont *Poupet*, qui domine Salins, a par exception 853 mètres), mais elle est fort pittoresque, à cause des brusques escarpements par lesquels elle domine la Bresse, et quatre des principales villes du pays : Lons-le-Saunier, Poligny, Arbois et Salins. On y admire de splendides cirques d'érosion, creusés par d'abondants cours d'eau dans un calcaire facile à entamer. Les plus beaux de ces cirques sont : celui de Lons-le-Saunier, Conliége et Revigny, arrosé par la Vallière ; celui de Voiteur, Nevy et Baume, où coule la Seille ; celui de Poligny, où naît la Glantine ; celui d'Arbois, où commence la Cuisance ; celui de Salins, parcouru par la Furieuse.

La région des collines, riche en **vignobles**, sépare, à l'ouest, le pied de la dernière chaîne du Jura de la plaine de la Bresse ; au nord, diverses chaînes de coteaux viennent expirer sur la rive gauche de la Loue, rivière qui arrose, à son entrée dans le département, la belle et riante vallée du *Val-d'Amour*, puis serpente, avant d'aller rejoindre le Doubs, dans une large et féconde plaine. Le massif de collines (220 à 274 mètres d'altitude) qui sépare le Doubs de la Loue est tout entier recouvert par la forêt de Chaux. Au nord de la vallée du Doubs, s'étendent, jusqu'à la fraîche vallée de l'Ognon, les collines des cantons de Rochefort, Montmirey et Gendrey (200 à 380 mètres d'altitude) ; on y remarque, sur la ligne de faîte entre les deux rivières, la forêt de la Serre.

La **plaine** comprend la *Bresse*, région d'une altitude moyenne de 200 mètres qui, probablement, fut jadis un lac immense. La Bresse s'étend du pied des escarpements du Jura et des collines du Vignoble, ou *bon pays*, aux rives de la Saône ; mais elle n'occupe dans le Jura, de Saint-Amour aux collines du canton de Dole, qu'une bande de terre d'abord peu large, puis s'étend, au nord, sur presque toute la largeur du département du Jura, assez étroit, du reste, dans ces parages. C'est une région humide et remplie d'étangs que l'on s'efforce de dessécher, insalubre, mais assez fertile, surtout au nord, dans les cantons de Chemin, de Chaussin et de Montbarrey, où elle a reçu le nom de *Finage*.

III. — Cours d'eau ; lacs.

Le département du Jura se divise d'une façon très-inégale entre les bassins du Rhône et du Rhin. Le Rhône recueille presque toutes les eaux du département par l'Ain, la Valserine et la Saône, ses affluents, et les emporte vers la Méditerranée.

Le Rhône, le plus grand fleuve de la France, ne touche pas le département. Il naît en Suisse, dans le canton du Valais, traverse le lac de Genève, baigne Lyon et se jette dans la Méditerranée par plusieurs embouchures. Un de ses principaux affluents, l'Ain, traverse le département du Jura.

Entre Conte et la Favière (canton de Nozeroy), à 750 mètres environ d'altitude, au pied d'un rocher à pic couronné d'un bouquet de bois et d'où tombe un torrent pendant les jours de pluie et après la fonte des neiges, s'ouvre un trou ovale, long de 10 à 12 mètres et large de 3 à 4 mètres, que remplit souvent en entier une eau bleue, d'une transparence extraordinaire : c'est la source de l'**Ain**. Cette rivière passe à Sirod, puis au Bourg-de-Sirod, où elle forme, au-dessus d'une forge, en sortant d'une galerie longue de 100 mètres ouverte sous des blocs écroulés et appelée Perte de l'Ain, une chute de 17 mètres. Au delà de Champagnole, l'Ain quitte la direction nord-ouest, pour tourner vers l'ouest puis au sud-ouest. Après avoir baigné Pont-du-Navoy, il forme, au-dessous de Patornay, la belle cascade du Port-de-la-Saisse, passe dans les gorges solitaires de la

Chartreuse de Vaucluse, forme, à quelques kilomètres au-dessus du confluent de la Bienne, le passage dangereux du Saut-du-Mortier, puis entre, non loin de Thoirette, dans le département de l'Ain, dont il forme la limite entre le confluent de la Bienne et celui de la Valouse. Il se jette dans le Rhône en face d'An-

Cascade des Planches, d'après le *Jura pittoresque* de M. Ch. Sauria.

thon (Isère), après un cours de 190 kilomètres, dont 120 dans le département du Jura. L'Ain est flottable entre Champagnole et le confluent de la Bienne, et navigable de ce confluent au Rhône. La quantité de bois livrés au flottage est considérable.

L'Ain reçoit dans le département : la Serpentine, la belle *source de Conte*, la Lemme, l'Angillon, le Bief d'Œuf, le

Hérisson, la Syrène, le Frête, la Bienne et la Valouse. Hors du département, il recueille, comme cours d'eau appartenant au Jura, la rivière du Surand.

La *Serpentine* sort, sous le nom de Bief des Combes, à 862 mètres d'altitude, du lac du Bief-du-Four, passe entre les montagnes qui portent l'une, Mièges, l'autre, Nozeroy, puis forme la cascade du Moulin-du-Saut, avant de tomber dans l'Ain à 1 kilomètre de la source de cette rivière. — Elle a pour affluents le *ruisseau du Gouffre-de-l'Houle* et le *Trébief*.

La *Lemme* prend sa source (900 mètres d'altitude) au pied de la forêt du Mont-Noir, près de Saint-Laurent. Elle forme, près de la Billaude, au pied du mont Cornu, la belle cascade de Claude-Roy, et se perd dans l'Ain aux forges de Syam. — Elle reçoit : au hameau de Morillon (rive gauche), le *Dombief;* et, en amont de Syam (rive droite), la *Saine* qui sort, dans la commune de Foncine-le-Haut, d'un rocher, à la base de la montagne rocheuse du Couliou, dont le sommet (1,070 mètres) offre un vaste et beau panorama. Lorsque les eaux sont basses, on peut monter jusqu'au trou de la Balme, qui se voit dans les flancs grisâtres du Couliou. Du seuil de cette ouverture naturelle, on découvre un trou presque rond, qui s'enfonce dans le rocher et dont on ne voit pas le fond. L'eau vient si vite, quand elle monte jusque-là, qu'on aurait à peine le temps de se sauver si l'on était surpris par une crue subite. Après trois chutes successives, la Saine met immédiatement en mouvement des usines, tombe par la cascade du Bout-du-Monde ou de Foncine-le-Haut et forme aux Planches deux belles chutes, au fond de la Langouette, gorge si profonde et que les rochers surplombent tellement qu'on ne voit plus le lit ni les eaux de la rivière. La Saine se grossit du *torrent du lac des Rouges-Truites*, du *Bief du Bouchon* et du *torrent de la cascade du Saut-de-la-Pisse*.

L'*Angillon* naît, à 789 mètres, dans la commune des Nans, fait aussitôt marcher une papeterie, coule dans une combe de 250 mètres de profondeur, baigne Chappois, Vers, le Pasquier, Ardon, et grossit l'Ain (rive droite) entre Champagnole et Pont-du-

Navoy, après un cours de 30 kilomètres. — La *Doye* est son principal affluent.

Le *Bief d'OEuf* (rive gauche) sert d'écoulement au LAC DE CHALIN (220 hectares), le septième de France comme étendue. La source dont les eaux forment ce lac, très-poissonneux et

Cascade de Flumen, d'après le *Jura pittoresque* de M. Ch. Sauria.

entouré à l'est par des montagnes abruptes et boisées, sort de la base d'un curieux rocher qui la surplombe et près duquel elle fait tourner un moulin.

Le *Hérisson* sort, sous le nom de rivière du Lac, du LAC DE BONLIEU, vaste nappe d'eau (900 mètres de longueur sur 600 mètres de largeur) magnifiquement encadrée par une bordure de rochers, d'arbres variés et de prairies. Le Hérisson coule d'abord au nord, puis, faisant un angle aigu, il se dirige au sud, et, après avoir reçu le ruisseau d'Ilay, il tombe d'une hauteur de 15 mètres, au fond d'un vallon où se trouvent un moulin et quelques maisons : cette chute pittoresque s'appelle le Saut Girard. A 2 kilomètres plus bas, le Hérisson traverse, au delà d'un plateau, une gorge étroite dans laquelle il fait deux autres chutes plus belles, le Saut de la Montagne, de 40 mètres, et le Saut des Vaux ou du Val de Chambly, de 60 mètres ; puis il forme les LACS poissonneux DE CHAMBLY, qui, distants l'un de l'autre d'un kilomètre environ, sont situés au bas de pentes boisées que couronnent de longs bancs de rochers taillés en corniche. Le premier de ces lacs a 1 kilomètre de longueur et 400 mètres de largeur ; le second est plus petit. Le Hérisson se perd dans l'Ain au-dessous de Châtillon après un cours de 22 kilomètres et après avoir reçu les eaux du LAC DE LA MOTTE ou D'ILAY (2 kilomètres environ de longueur).

La *Syrène* a son origine sur le plateau des Petites-Chiettes (800 mètres) et se jette dans l'Ain en amont de la cascade du Saut-de-la-Saisse. — Elle reçoit : à Uxelles, le *Ronay*; et à 1 kilomètre environ de son embouchure, le *Drouvenant*, dont la source, située à la Frasnée, s'échappe du flanc de rochers à pic, hauts de 150 mètres, tombe avec fracas en nombreuses branches, et forme une belle cascade avant de mettre en mouvement plusieurs scieries. Lors des grandes pluies ou de la fonte des neiges, l'orifice de la source ne suffit plus au passage des eaux, qui montent alors dans un tuyau naturel appelé le trou des Gangônes et viennent jaillir au sommet d'un rocher appelé le Grand-Dard. Le Drouvenant recueille, entre les papeteries et la forge de Cogna, le trop-plein des deux LACS DE CLAIRVAUX, éloignés l'un de l'autre d'environ 350 mètres : le premier a 1,500 mètres de longueur et 1 kilomètre de largeur ; le deuxième, 1,500 mètres de diamètre ; en hiver, ils se réunissent et ne forment qu'un seul lac.

La *Frête*, formée par la réunion de deux ruisseaux qui se rejoignent au pied du mont Varet, tombe dans l'Ain à 2 kilomètres en amont du pont de la Pile (commune de la Tour-du-Meix).

La **Bienne** naît, sous le nom de Bief de la Chaille, dans le canton de Vaud (Suisse), baigne Morez, coule dans des gorges d'un grand caractère, passe à Saint-Claude, Molinges, Jeurre, et se jette dans l'Ain au-dessous de Chancia, après un cours de 72 kilomètres. Elle est flottable depuis Saint-Claude, après les pluies ou la fonte des neiges, quand les eaux sont au moins à 1 mètre au-dessus de l'étiage. — La Bienne reçoit : en amont de Morez (rive gauche), la source de la *Doye-Magnin;* au Bas-Morez (rive droite), l'*Évalude*, torrent profondément encaissé, alimenté par les eaux d'un plateau dont le LAC DE BELLE-FONTAINE occupe le centre ; un peu plus bas, du même côté, la *Doye-Gabet;* près d'Avignonet (rive gauche), la *rivière du Trou-de-l'Abîme* ou *de Vaucluse ;* à Saint-Claude (rive gauche), le *Tacon*, torrent qui vient de Très-la-Ville, arrose une gorge profonde, recueille le *Flumen*, remarquable par ses cascades près de Montépile, et passe à Saint-Claude sous un des plus beaux ponts suspendus de France ; près de Lavans (rive droite), le *Lison*, qui sort au-dessus des Crozets et passe à Ravilloles ; près de Molinges (rive gauche), le *Longviry* et (rive droite) l'*Enragé*, torrent qui sourd avec force d'une grotte, forme de belles cascades, et que l'on prétend être l'écoulement du lac de l'Abbaye de Grandvaux, situé à plus de 20 kilomètres en ligne droite au nord-est ; et enfin, à Jeurre (rive droite), l'*Héria*, qui reçoit par un canal souterrain les eaux du lac d'Antre. Le LAC DE L'ABBAYE a 95 hectares de superficie, 2 kilomètres de longueur et 30 mètres de profondeur. Il se dégorge, au sud-est, du côté de la montagne dont il baigne la base, par un canal profond et large de 3 mètres. Au milieu de cet escarpement, les eaux se précipitent, à 10 mètres de profondeur, dans une caverne où elles trouvent une issue de 1 mètre de longueur sur 8 mètres de largeur. Cette caverne se dirige, au sud-est, vers le centre de la montagne, par une pente douce qu'on peut suivre sur une longueur de 20 mètres ; puis, la direction de cet aqueduc souterrain changeant tout à coup, il s'enfonce perpendiculairement de 7 mètres, et à cette profondeur s'ouvre un vaste réservoir entouré de plusieurs canaux, et regardé comme l'origine de l'Enragé. Le lac de l'Abbaye est très-poissonneux. — Le LAC D'ANTRE est situé à 45 minutes au sud-est des Villards-d'Héria, derrière la montagne qui ferme au sud-est la vallée dans laquelle se trouvent les ruines de la ville d'Antre. Sa circonférence n'excède pas 600 mètres. Des roches nues et des mamelons à peine revêtus de végétation, du côté du nord et de l'est, le dominent et le tiennent, pour ainsi dire, suspendu à 824 mètres au-dessus de la mer. Il est très-poissonneux. La Roche d'Antre, qui le domine au nord-est, a 924 mètres de hauteur au-dessus de la mer.

La *Valouse* (52 kilomètres) naît à Écrilles, passe à 1,500 mètres d'Orgelet, arrose une vallée profonde et pittoresque, bordée de rochers dont le plus curieux est l'Homme-de-Pierre, passe au pied de la grotte de Saint-Hymetière, l'une des plus belles du Jura, et se jette dans l'Ain au château de Conflans, un peu au delà de la limite du département. — Elle reçoit, non loin de sa source, le *ruisseau de l'Évêque;* près de Châtonnay (rive droite), le *Valouson*, et, à Thoirette (rive droite), le *Sançon*.

Le *Surand* a sa source près de Loisia, au pied de la forêt de Chaillot, à environ 400 mètres d'altitude, passe à Gigny et au pied de Saint-Julien, puis entre dans le département de l'Ain, où il a son embouchure, à 2 kilomètres en aval de Pont-d'Ain. — Ses affluents dans le Jura sont : le *Noëllan*, le *Ponson*, le *torrent de la Balme-d'Épy* et les deux *fontaines de la Doye*.

La **Valserine**, affluent direct du Rhône, naît près de la vallée des Dappes, sur la frontière du canton de Vaud (Suisse). Formant pendant 17 kilomètres la ligne de séparation entre les départements du Jura et de l'Ain, elle descend la combe de Mijoux, passe à Mijoux, puis entre dans le département de l'Ain.

La Saône, l'une des principales rivières de la France, ne touche pas le département; mais elle en reçoit plusieurs cours d'eau importants. Elle naît dans les monts Faucilles (Vosges), parcourt les départements de la Haute-Saône, où elle baigne Gray, de la Côte-d'Or, où elle traverse Auxonne, de Saône-et-Loire, où elle rencontre Châlon et Tournus, et du Rhône, où elle se perd dans le Rhône à Lyon.

Elle reçoit du Jura : l'Ognon, la Brizotte, le Doubs et la Seille.

L'*Ognon* ou *Oignon* arrose l'extrémité septentrionale du département du Jura, qu'il sépare de celui de la Haute-Saône. Il prend son origine, à 695 mètres d'altitude, dans les Vosges, près du Ballon de Servance, et se jette dans la Saône à Heuilley (Côte-d'Or). Il ne reçoit du Jura aucun affluent important.

La *Brizotte*, ruisseau formé, dans le nord-est du département, par la réunion de plusieurs petits cours d'eau, tombe dans la Saône à Auxonne.

Le **Doubs**, une des plus belles rivières de France, sort, à 1,500 mètres de Mouthe (Doubs) et à 937 mètres d'altitude, d'une petite grotte dominée par la forêt du Noirmont (1,209 mètres). Il baigne Baume-les-Dames et Besançon, puis entre dans le Jura, un peu en aval de Rozet. Il passe entre la forêt d'Arne et la forêt de Chaux, à Dampierre, Rochefort, Dole, puis entre dans le département de Saône-et-Loire non loin de Fretterans, après un parcours de 80 kilomètres dans le Jura. Il se jette à Verdun dans la Saône, qu'il surpasse en longueur de 155 kilomètres. Le Doubs est navigable depuis Voujaucourt à son embouchure ; mais, de Voujaucourt à Dole, sa navigation fait partie du CANAL DU RHÔNE AU RHIN, qui emprunte son lit sur une longueur de 86 kilomètres. En aval de Dole, la rivière n'est navigable que dans les eaux moyennes. Au-dessous de l'embouchure de la Loue, le Doubs est animé par les trains de bois qui descendent cette rivière.

Le Doubs reçoit, dans le Jura : l'Arne, la Vèze, la Clauge, la Loue, l'Orain et la Sablonne.

L'*Arne* côtoie la forêt d'Arne, passe à Auxanges, à Lavans, et se jette dans le Doubs (rive droite) en amont d'Audelange.

La *Vèze* descend de la forêt de la Serre et se jette dans le Doubs (rive droite) à Rochefort.

La *Clauge* sort d'un étang dans la forêt de Chaux, qu'elle

traverse, à la limite des départ. du Doubs et du Jura, arrose Goux et Villette-lès-Dole, et tombe dans le Doubs (rive gauche) au Port-Parcey, tout à côté de l'embouchure de la Loue.

La **Loue** jaillit en écumant, à 544 mètres d'altitude, dans la commune d'Ouhans (Doubs), au fond d'un cirque immense de rochers, d'un gouffre creusé à la base d'un roc dont le faîte atteint 106 mètres. Sa source est la plus belle de France après celles de la Touvre et de la Sorgues. A son entrée dans le Jura, en amont de Chissey, sa vallée s'élargit pour former la fertile plaine appelée Val d'Amour, anciennement Val d'Amaous, ou des Amaves, peuplade burgonde qui y avait élu domicile à l'époque des grandes invasions. Elle baigne Chamblay et Ounans, et se mêle au Doubs, à Parcey. — Vers la Loue se dirigent la Furieuse, la Lurine, le Saron et la Cuisance. — La *Furieuse* naît dans l'étroit vallon de Pont-d'Héry, arrose Salins, passe au pied du mont Poupet et se jette dans la Loue (rive gauche) près du château de Rennes. — La *Lurine* passe près de Mouchard et tombe dans la Loue (rive gauche) entre Chissey et Chamblay. — Le *Saron* naît au nord de Villette-lès-Arbois, traverse la forêt de Mouchard, reçoit la *Froideau* et débouche dans la Loue à Chamblay. — La *Cuisance* (40 kilomètres) naît aux Planches, près d'Arbois, de deux sources dont l'une est favorable à la production du tuf et l'autre le dissout. La principale source, située au nord-est du village, jaillit par une cascade de 15 mètres, d'une grotte profonde de 300 mètres, large de 5 à 25 et haute de 10, forme un petit lac et débouche dans un cirque creusé au cœur des monts de la Châtelaine. La Cuisance fait marcher la papeterie de Mesnay, traverse Arbois et Mont-sous-Vaudrey, puis grossit la Loue (rive gauche) près de Nevy-lès-Dole.

L'*Orain* (54 kilomètres) naît à Poligny, au Champ-d'Orain, reçoit la *Glantine*, sortie de la Culée de Vaux, que terminent des rochers de 658 mètres d'altitude et où elle forme une cascade près du petit séminaire; baigne Poligny, Tourmont, le Viseney, Colonne, Bief-Morin, reçoit la *Grozonne* et la *Veuge*, arrose Rahon et Chaussin, et se perd dans le Doubs en face de Longwy.

La *Sablonne* naît, sous le nom de *Blaine*, à Tavaux, passe à Saint-Loup et se perd dans le Doubs, au-dessous d'Annoire.

La **Seille** commence au-dessus de l'abbaye de Baume-les-Messieurs, au fond d'un ravin étroit dominé par des rochers hauts de 200 mètres. Elle est formée par deux sources, dont l'une s'échappe au pied d'un rocher nu, sur 2 mètres de largeur et 16 centimètres de hauteur, et l'autre descend en cascade d'une fente haute de 6 mètres sur 31 centimètres de largeur. Après avoir reçu les eaux de la belle *source du Dard*, la Seille coule dans les âpres gorges de Baume, reçoit le torrent abondant qui descend des gorges de Blois, passe à Nevy, au pied de la montagne de Château-Châlon, à Voiteur, à Domblans, reçoit le *Serein*, né au pied des rochers de Rosnay, baigne Arlay, Ruffey, Bletterans, Nance, puis entre en Saône-et-Loire, pour se jeter dans la Saône, à 8 kilomètres en aval de Tournus. Elle est navigable de Louhans à son embouchure. — La Seille reçoit à Louhans (Saône-et-Loire; rive gauche) la *Vallière* qui, née au-dessus de Revigny, dans un cirque de rochers hauts de 540 mètres, baigne Conliége, Lons-le-Saunier, reçoit la *Sorne* et la *Semelle* puis entre en Saône-et-Loire.

BASSIN DU RHIN. — L'*Orbe* naît dans le canton de Morez, traverse le LAC DES ROUSSES (85 hectares), passe à Bois-d'Amour et sort de France, après un cours de 15 kilomètres, pour entrer en Suisse, où elle se perd, sous le nom de Thielle, dans le lac de Neuchâtel.

Outre tous ces cours d'eau, le département du Jura est arrosé par un nombre considérable de ruisseaux, biefs, sources ou doyes qui ne sont pas assez importants pour être signalés.

IV. — Climat.

Le département du Jura est en grande partie montagneux, et l'on sait que plus un pays est élevé, plus le climat y est rude. Excepté dans la Bresse et dans les collines à vignobles, où règne le *climat rhodanien* avec ses froids modérés et plus humides que secs, la température est froide, inégale et sujette à de brusques variations qui souvent, en avril, compromettent la croissance des végétaux. L'éclosion définitive de la végétation date, dans le plat pays, du 15 au 20 avril, dans le pays moyen, du 5 au 15 mai, et dans le haut pays du 20 au 30 mai. Dans la haute montagne, l'hiver a près de huit mois; dans la moyenne, il ne commence qu'après la Saint-Martin ; dans la plaine, au mois de décembre. Année moyenne, il tombe onze mètres de neige dans les environs de Septmoncel.

Excepté dans la Bresse, que ses étangs rendent insalubre, l'air est pur et vif. Les vents soufflent le plus souvent du nord-est et du sud-ouest. A Lons-le-Saunier, la hauteur moyenne des pluies est de $1^m,05$. En d'autres termes, si toute l'eau tombée du ciel pendant l'année restait sur le sol sans être absorbée par la terre ou pompée par le soleil, on recueillerait, dans les douze mois, une nappe d'eau profonde de $1^m,05$. A Poligny, cette profondeur serait de $1^m,30$, et de $1^m,80$ vers les sources de l'Ain.

V. — Curiosités naturelles.

Par ses beautés naturelles, le Jura ressemble à la Suisse. Comme elle, il a des vallées remarquables, d'abondantes cascades, des lacs, de sombres forêts de sapins, de belles chaînes de rochers, des grottes remarquables, des défilés, des sites austères et pittoresques, et s'il possédait des glaciers, les touristes qui reviennent de Genève par les Rousses, ou de Neuchâtel, pourraient se croire encore dans certaines parties des cantons helvétiques. Toutes les curiosités naturelles sont indiquées, soit dans le dictionnaire des communes, soit dans le chapitre intitulé : *Cours d'eau, lacs.*

VI. — Histoire.

Dans l'antiquité, le territoire qui forme aujourd'hui le département du Jura était occupé par les *Séquanes*. La

Séquanie était comprise entre le Jura et le Rhin à l'est, le Rhône au sud, la Saône à l'ouest et les Vosges au nord. Sa capitale était *Vesuntio*, aujourd'hui Besançon, chef-lieu du département du Doubs.

La Saône séparait les Séquanes d'un autre peuple gaulois, les Éduens. Séquanes et Éduens étaient rivaux, et la rivalité amenait souvent des luttes armées. Vaincus dans une de ces guerres, les Séquanes appelèrent à leur aide Arioviste, chef de tribus suèves habitant au-delà du Rhin. Arioviste battit les Éduens, puis s'établit dans le pays des Séquanes, plus doux et plus fertile que sa Germanie. Dans le péril d'un tel voisinage, les anciens ennemis se réconcilièrent, mais les uns et les autres furent défaits par le Germain à *Amagetobria* (Haute-Saône), 68 ans av. J.-C.

Les vaincus s'adressèrent alors au peuple romain, qui depuis quelque temps possédait dans le sud-est de la Gaule un vaste territoire appelé *Provincia* (Provence). En même temps on apprit à Rome que 400,000 Helvètes, désespérant d'arrêter les incursions des Germains, cherchaient une nouvelle patrie et menaçaient la Provence romaine et la Gaule. Jules César, nommé proconsul en Gaule, marche contre eux, les rencontre occupés à traverser la Saône, les rejette dans leurs montagnes, puis fait subir, près d'Épomanduodurum, aujourd'hui Mandeure (Doubs), à Arioviste, une défaite désastreuse qui l'oblige à repasser le Rhin, et il retourne en Italie (58 ans av. J.-C.).

L'ambitieux proconsul avait vu dans la Gaule une conquête glorieuse. Dès ce moment il ne songea qu'à s'immiscer dans les affaires des Gaulois, et, malgré le génie de Vercingétorix, l'indépendance gauloise succomba à Alise-Sainte-Reine (Côte-d'Or), après une résistance héroïque (52 ans av. J.-C.). Quelques archéologues placent l'Alesia de César à Alaise, près de Salins ; mais le texte des *Commentaires*, la nature et la configuration du sol, de nombreuses découvertes d'antiquités, les conditions stratégiques, les opinions motivées des hommes de guerre, etc., militent en faveur d'Alise.

Sous la domination romaine, la Séquanie devint la province de la *Grande-Séquanaise.*

Le christianisme y fut apporté, dès le IIe siècle, par des disciples de saint Irénée, Ferréol et Ferjeux, qui furent martyrisés en 211, et par leurs successeurs, saint Lin et saint Germain. Au cinquième siècle, saint Lupicin vint s'établir dans une solitude des montagnes du Jura. Au siècle suivant, saint Claude, archevêque de Besançon, venait, à son exemple, se retirer dans la vallée de la Bienne. C'est sous l'inspiration de ces pieux apôtres que se fondaient ou devaient se fonder les nombreux monastères dont nous voyons aujourd'hui les ruines : l'abbaye de Saint-Claude, qui fut l'origine de la ville actuelle ; celle de Baume-les-Messieurs, fondée au commencement du sixième siècle ; celles de Château-Châlon (septième siècle), de Gouailles près de Salins (treizième siècle), de Vaux-sur-Poligny, créée vers l'an mil par Othon-Guillaume ; de Mont-Roland, près de Dole ; de Grandvaux, près de Saint-Laurent ; le prieuré de Gigny (889), dans la vallée du Surand ; la chartreuse de Bonlieu (1176) ; les abbayes d'Acey, de Migette, de Vaucluse, etc.

Lorsque, de tous côtés, les Barbares franchirent la frontière de l'empire romain, un peuple nouveau, les *Burgundes* ou *Bourguignons*, s'établit à demeure dans la Grande-Séquanaise et y fonda (413) un État connu sous le nom de *premier royaume de Bourgogne*. *Gondebaud*, roi burgunde célèbre par la *loi Gombette*, législation sage en ces temps barbares, donna sa nièce Clotilde (que l'Église a canonisée) en mariage à Clovis, chef des Francs, tribu germanique qui avait conquis une partie de la Gaule. Mais les fils de cette princesse, après la mort de Gondebaud, dépouillèrent son neveu et héritier, *Gondemar*, de son royaume de Bourgogne, qui fut ainsi incorporé à l'empire des Francs (534). Le premier royaume de Bourgogne, où huit monarques s'étaient succédés, avait duré 125 ans (411-534).

Sous les Mérovingiens, la Bourgogne fut tour à tour soumise aux rois de Neustrie ou d'Austrasie et au roi unique des Francs ; ou bien elle fut presque indépendante sous un maire

Lons-le-Saunier, d'après une photographie de M. Cloz

particulier, un de ces grands officiers qui gouvernèrent la France sous les rois fainéants. Vers 732, la Bourgogne fut envahie par les Sarrasins, entrés en Europe par l'Espagne, et qui pillèrent les abbayes de Baume et de Saint-Claude.

Charlemagne érigea la Bourgogne en duché et en donna l gouvernement, d'abord à un seigneur nommé Samson, qui fu tué à la bataille de Roncevaux, puis à Hugues, un de ses fils na turels.

Lors du premier démembrement de l'empire de Charlemagne après la bataille de Fontanet (841), livrée entre les fils de Louis le Débonnaire, la Bourgogne fut divisée en duché de Bourgogne et en un *second royaume de Bourgogne;* c'est dans ce dernier qu'était compris le département actuel du Jura. Nous n'avons pas à nous occuper ici du duché, dont l'histoire est indépendante de celle du comté jusqu'en 1348 (*V.* la *Géographie de la Côte-d'Or,* par Adolphe Joanne). Le royaume de Bourgogne échut à *Lothaire II,* puis à son frère et enfin à *Louis II,* dit *le Jeune,* fils de Lothaire Ier et petit-fils de Louis le Débonnaire.

Louis II en mourant ne laissa qu'une fille, Hermengarde, qui épousa, en 876, *Boson,* duc de Milan, un des grands officiers du royaume. Boson profita des troubles qui suivirent la mort de Charles le Chauve pour se faire nommer roi de Bourgogne par une assemblée d'évêques et de seigneurs (879).

Boson mourut en 887, laissant un fils en bas âge, *Louis l'Aveugle,* qui fut dépouillé d'une partie de ses états (888) par son oncle Rodolphe Ier, comte d'Auxerre et fils d'un prince allemand, Conrad. Le royaume de Bourgogne se trouva alors divisé en *Bourgogne cisjurane,* qui resta à Louis, et en *Bourgogne transjurane.* Mais un des successeurs de Louis l'Aveugle, Hugues, petit-fils de Lothaire, aspirant à la couronne impériale, céda ses états à *Rodolphe II,* roi de la Transjurane, et les deux Bourgognes se trouvèrent réunies (933), sous le nom de *royaume d'Arles.*

A la mort de Rodolphe III (1032), Conrad le Salique, roi de Germanie, hérita du royaume de Bourgogne, qu'il annexa à

Salins.

l'empire germanique. Toutefois, un gran nombre de fiefs, notamment le comté palatin de Bourgogne ou Franche-Comté, se rendirent indépendants sous des comtes particuliers.

Othon-Guillaume fut le premier comte héréditaire de Franche-Comté (995). Un de ses successeurs, *Rainaud II*, fut en guerre avec l'empereur d'Allemagne Henri III, qui voulait le forcer à reconnaître sa suzeraineté, mais qui mourut pendant la lutte. *Béatrix*, fille de Rainaud, qui succéda à son père (1144), épousa l'empereur Frédéric Barberousse. L'ancienne Séquanaise, devenue ainsi une propriété de l'Empire d'Allemagne, demeura cependant exempte de toute taille et imposition ; elle ne fut soumise qu'au service militaire et à quelques redevances honorifiques : d'où le nom de *Franche-Comté*. Toutefois, cette dénomination ne se trouve pour la première fois employée dans un acte historique qu'en 1366 ; jusqu'alors la province continua d'être désignée sous le nom de *terre d'Empire, comté* ou *terre de Bourgogne en Empire*.

Le second fils de Frédéric, *Othon I*er, hérita de la Franche-Comté en 1185. Sa fille, *Béatrix II*, épousa Othon, duc de Méranie, état de l'Empire d'Allemagne. Cette alliance déplut aux seigneurs franc-comtois, qui commencèrent une guerre civile de plusieurs années ; la lutte se termina par le mariage d'Alix, fille d'Othon et de Béatrix, avec Hugues de Châlon, fils de Jean de Châlon, le plus puissant seigneur du pays, qui n'a laissé en Franche-Comté, où il affranchit les montagnards de ses domaines, que des souvenirs d'humanité.

*Jeanne I*re, fille d'Hugues de Châlon, épousa le roi de France Philippe le Long auquel elle survécut. Le mariage de sa fille Jeanne II avec Eudes IV, duc de Bourgogne, amena la réunion du comté et du duché de Bourgogne, séparés depuis cinq siècles (1318).

Le règne d'*Eudes IV*, depuis son mariage jusqu'à sa mort (1348), ne fut qu'une longue guerre civile dite des Gageries. A la mort de son petit-fils, *Philippe de Rouvres* (1361), Jean, roi de France, s'appuyant du droit féodal, incorpora le duché de Bourgogne à la France, tandis que le comté retourna à la comtesse de Flandre, *Marguerite* de France, aïeule de la jeune duchesse Marguerite, veuve de Philippe de Rouvres, qui se remaria au comte de Flandre. Leur petite-fille épousa Philippe le Hardi, duc de Bourgogne, de sorte que le duché et le comté se trouvèrent de nouveau réunis (1360).

On sait le rôle considérable que joua Philippe pendant la folie du roi de France Charles VI, et la querelle des Armagnacs et des Bourguignons qui eut pour origine l'assassinat du duc d'Orléans par *Jean sans Peur*, tué à son tour d'un coup de hache sur le pont de Montereau (1419). Mais la Franche-Comté n'eut pas à souffrir de ces discordes civiles, et les ducs de Bourgogne se firent un devoir de lui conserver intacts ses anciens priviléges.

Après la mort de *Charles le Téméraire* à la bataille de Nancy (1477), sa fille *Marie* recueillit la couronne ducale. Le roi de France, Louis XI, sous prétexte de tutelle de la jeune princesse, qui était en Flandre, mit la main sur la Bourgogne et envoya des garnisons à Dole, Salins et dans les autres villes du comté. Mais Marie ayant épousé Maximilien d'Autriche, celui-ci réclama, les armes à la main, l'héritage dû à sa femme. Les villes franc-comtoises, en chassant leurs garnisons françaises, s'attirèrent de terribles représailles. A Dole, quand Charles d'Amboise, lieutenant du roi de France, se fut introduit par ruse dans la ville, les habitants se firent massacrer dans leurs maisons en ruines plutôt que de se rendre. Quelques-uns même, réfugiés dans une cave que l'on voit encore, méritèrent, par leur héroïsme, l'admiration et le respect du vainqueur. « Qu'on les laisse pour graine, » dit Charles d'Amboise en parlant de ces intrépides combattants. Et ils échappèrent en effet à la mort. Mais, dans cette circonstance, trois édifices seulement restèrent debout. Salins, Arbois, Poligny furent pris, saccagés et mis à rançon ; beaucoup de villages et de châteaux furent brûlés et les habitants massacrés.

La guerre paraissait devoir être éternelle, lorsque la mort accidentelle de Marie (1482) amena le traité d'Arras, qui laissa le duché aux mains du roi de France, avec cette condition que le dauphin épouserait la jeune fille de Marie, qui apporterait en dot notamment le comté de Bourgogne, lequel retournerait à Philippe, frère de la fiancée, si le mariage ne se concluait pas. Le dauphin, devenu le roi Charles VIII, aima mieux épouser la duchesse Anne de Bretagne. Maximilien reprit alors de vive force une partie des provinces revenant à son fils, et le traité de Senlis (1493) lui en confirma la possession.

Maximilien en confia l'administration à sa fille *Marguerite*, qui n'a laissé dans le pays que le souvenir de ses nombreux bienfaits. En 1530, son neveu *Charles-Quint*, empereur d'Allemagne et roi d'Espagne, recueillit sa succession. Sous son successeur *Philippe II*, le pays fut envahi par Henri IV, qui fit aux Franc-Comtois une guerre d'extermination fâcheuse pour sa mémoire. La victoire de Fontaine-Française (1695), où il culbuta les troupes de l'espagnol Velasco, lui avait ouvert la Franche-Comté. Lons-le-Saunier, Château-Châlon, etc., furent incendiés; et Arbois dut peut-être d'être épargnée à l'héroïque résistance que lui opposa le capitaine Morel. Toutefois, les clauses de la capitulation ne furent pas scrupuleusement observées, et le maréchal de Biron fit pendre le courageux Arboisien. La paix de Vervins (1598) assura aux Franc-Comtois quelques années de tranquillité.

En 1635, le cardinal de Richelieu ayant déclaré la guerre à l'Espagne, une armée de 20,000 hommes, sous les ordres du prince de Condé, entra en Franche-Comté, et y fut bientôt secondée par le duc de Saxe-Weimar, à la tête de ses féroces Suédois. Presque toutes les villes, à l'exception des quatre places fortes de la province, Besançon, Salins, Gray et Dole, furent prises, incendiées et pillées, malgré l'héroïsme de Lacuzon et de Jean Varroz, les défenseurs légendaires de l'indépendance franc-comtoise. Les populations furent en peu de temps ruinées par les contributions de guerre, et, pour comble de malheur, décimées par la famine et par la peste qui enleva aussi le duc de Saxe-Weimar. Ruinée et dépeuplée, la province obtint enfin un traité de neutralité (1642). La paix des Pyrénées, conclue plus tard (1659), mit fin aux hostilités entre la France et l'Espagne.

Mais la paix ne fut pas de longue durée. Après la mort de Philippe IV, dont il avait épousé la fille, Louis XIV revendiqua la possession de la Franche-Comté, malgré la renonciation formelle qu'il avait faite lors de son mariage. En 1668, 20,000 hommes envahirent de nouveau le pays, dont la conquête se fit en trois semaines, grâce aux trahisons achetées par Louvois dans la bourgeoisie et aux brillantes promesses de Louis XIV aux nobles franc-comtois.

Le traité d'Aix-la-Chapelle rendit la province à l'Espagne; mais elle fut de nouveau envahie par les Français en 1674 et conquise en deux mois. Le traité de Nimègue (1678) sanctionna la réunion définitive de la Franche-Comté à la France.

Le Parlement et l'Université de Dole furent transférés à Besançon, le premier en 1676, la seconde en 1691.

La Révolution de 1789 fut accueillie dans le Jura avec enthousiasme. En 1814, les volontaires du pays organisèrent une résistance sérieuse contre les Alliés. En 1815, le maréchal Ney, chargé par Louis XVIII de s'opposer à la marche de Napoléon revenant de l'île d'Elbe, s'arrêta à Lons-le-Saunier et y fit à ses soldats une proclamation célèbre que la seconde Restauration ne sut pas lui pardonner.

En novembre et en décembre 1870, les Allemands qui occupaient la Haute-Saône et la Côte-d'Or firent quelques apparitions dans le nord du Jura. Un détachement vint même, le 15 novembre, jusqu'à l'entrée de Dole, où il fut reçu par quelques coups de fusil qui lui firent prendre la fuite.

Le département fut envahi le 21 janvier 1871. Les Allemands arrivèrent devant Dole vers midi et demi : deux à trois cents gardes nationaux, mal armés, et quelques soldats de passage, eurent la patriotique témérité de leur disputer l'entrée de la ville, dont ils ne furent maîtres qu'après un combat acharné de trois à quatre heures, auquel prirent part 5000 à 6,000 Prussiens. Ce combat retarda d'au moins 24 heures l'armée ennemie qui avançait à marches forcées pour couper la ligne de retraite de notre armée de l'Est.

VII. — Personnages célèbres.

Cinquième siècle. — SAINT DÉSIRÉ, né à Lons-le-Saunier.

Huitième siècle. — SAINT CLAUDE, trentième évêque de Besançon, né à Salins.

Onzième siècle. — HUGUES DE SALINS, archevêque de Besançon, né à Salins.

Treizième siècle. — GUILLAUME DE SAINT-AMOUR, célèbre philosophe et théologien, né à Saint-Amour, mort en 1272. — JACQUES DE MOLAY, dernier grand-maître des Templiers, brûlé vif à Paris en 1314.

Quatorzième siècle. — ANCEL DE SALINS, diplomate.

Quinzième siècle. — JEAN DE CARONDELET, grand chancelier de Maximilien au comté de Bourgogne, mort en 1501. — JACQUES COITIER, médecin de Louis XI, né à Poligny, mort en 1505. — ODETTE DE CHAMPDIVERS, favorite du roi Charles VI.

Seizième siècle. — JEAN DE CARONDELET (1469-1544), archevêque de Palerme. — MATHIEU VAULCHIER, traducteur, roi d'armes de Charles-Quint, né à Arlay. — GILBERT COUSIN (1506-1567), érudit, poëte latin et français, né à Nozeroy. — PIERRE LORIOT, jurisconsulte calviniste, né à Salins, mort en 1568. — Le capitaine MOREL, qui défendit Arbois contre Henri IV et fut pendu par Biron en 1595. — JEAN MATAL, érudit, né à Poligny (1520-1597).

Dix-septième siècle. — JEAN GIRARDOT DE NOZEROY, historien, né à Salins (1580-1651). — JEAN BOYVIN (1580-1650), président au Parlement de Dole, né à Dole. — JEAN CHEVALIER, jésuite, poëte latin, né à Poligny, où se voit son buste (1587-1644). — CLAUDE D'ESTERNOD (1590-1640), écrivain et poëte, né à Salins. — JEAN LEJEUNE (1592-1672), oratorien, prédicateur, né à Poligny. — FRANÇOIS-PAUL, baron DE LISOLA (1613-1675), homme d'État, habile diplomate et publiciste, né à Salins. — JACQUES BAULOT ou BEAULIEU, dit LE FRÈRE JACques, chirurgien lithotomiste (1651-1720), né à Beaufort.

Dix-huitième siècle. — Claude Prost, dit le capitaine Lacuzon, né à Longchaumois (1607-1681), défendit vaillamment la Franche-Comté en 1636, 1668 et 1674. — Pierre-Joseph Thoulier, abbé d'Olivet (1682-1768), littérateur et grammairien, né à Salins. — L'abbé Regnaud Outhier (1694-1774), astronome, né à la Marre-Jousserans. — Le bénédictin Claude Jourdain (1696-1782), géographe et historien, né à Poligny. — Auguste-François Jault (1700-1757), médecin et orientaliste, professeur de syriaque au collége de France, né à Orgelet. — Joseph Rosset (1706-1786), sculpteur en ivoire, né à Saint-Claude. — Claude-Louis, comte de Saint-Germain, prince de Montbarrey (1707-1778), ministre de la guerre sous Louis XVI, né au château de Vertamboz. — Claude-Guillaume Bourdon de Sigrais (1715-1791), érudit et littérateur. — Charles-Georges Fenouillot de Falbert, auteur dramatique, né à Salins (1727-1801). — Le peintre (1702-1768) et le sculpteur (1728-1804) Attiret, nés tous deux à Dole. — Claude Dejoux (1732-1816), sculpteur, né à Vadans. Un de ses plus beaux ouvrages, la statue de Desaix, est à Versailles. — Charles-Frédéric-Emmanuel Christin, jurisconsulte, député aux États généraux, né à Saint-Claude (1744-1799). — Pierre-François Boncerf, publiciste et économiste (1745-1794), né à Chazeau. — Claude-François de Malet (1754-1812), général de brigade, conspirateur célèbre, né à Dole. Il avait déjà ourdi plusieurs complots en 1807 et en 1809, lorsque, en 1812, pendant la campagne de Russie, il fit courir le bruit de la mort de Napoléon, chercha à se rendre maître de la capitale, fut arrêté et fusillé avec plusieurs de ses complices. — René-François Dumas (1757-1794), président du tribunal révolutionnaire, né à Lons-le-Saunier, mort sur l'échafaud. — Claude-Joseph, comte Lecourbe (1760-1815), un des généraux les plus remarquables de la Révolution, né à Lons-le-Saunier. Sa ville natale lui a élevé une statue. — Charles Pichegru (1761-1804), né aux Planches-près-Arbois ; célèbre général, le conquérant de la Hollande, dont il prit la flotte bloquée dans les glaces du Texel. Accusé justement de conspiration royaliste contre la République, puis contre le Premier consul, il fut arrêté et s'étrangla dans sa prison. — Marie-François-Xavier Bichat (1771-1802), l'un des plus illustres physiologistes des temps modernes, né à Thoirette.

Dix-neuvième siècle. — Antide Janvier, horloger-mécanicien (1751-1835), a écrit deux ouvrages techniques. — Claude-Joseph Rouget de Lisle (1760-1836), musicien et littérateur, auteur de la *Marseillaise*, appelée d'abord Chant de l'armée du Rhin, né à Montaigu. — Jean-Pierre, baron Travot (1767-1836), général remarquable par sa bravoure et son intégrité, le pacificateur de la Vendée, né à Poligny; mort fou à la suite d'un procès inique suscité par la réaction royaliste de 1816. Poligny et la Roche-sur-Yon (Vendée) lui ont élevé des statues. — Les généraux David et Baudrand, nés à Arbois; Sauria, né à Poligny. — Claude-Étienne, comte Guyot, général, né à Villevieux (1768-1837). — Le général baron Delort, né à Arbois (1773-1846). — Le lieutenant-général baron Bachelu, né à Dole (1777-1849). — Simon Bernard, général et ingénieur (1779-1839), ministre de la guerre sous Louis-Philippe. Exilé à la Restauration, il avait émigré en Amérique, où le gouvernement le chargea de fortifier 1,400 lieues de frontières. A sa mort, les officiers américains portèrent le deuil pendant trente jours. — Désiré Monnier, archéologue et littérateur, né vers 1790. — Victor-Alexis-Désiré Dalloz, jurisconsulte et homme politique, né à Septmoncel en 1795. — Mgr Gerbet (1798-1864), ancien évêque de Perpignan. — Emmanuel Bousson de Mairet, littérateur, né à Lons-le-Saunier en 1805. — Jules Grévy, célèbre avocat et homme politique, membre de l'Assemblée Constituante en 1848, président de la République française, né à Mont-sous-Vaudrey en 1810. — Jean-Joseph-Gustave Cler, général, né à Salins en 1814, mort héroïquement à Magenta en 1859. Sa ville natale lui a élevé une statue. — Jean-Joseph Perraud, sculpteur, né à Monay en 1821, prix de Rome en 1847. — Louis Pasteur, habile chimiste, membre de l'Institut, né à Dole en 1822. — Citons aussi :

M. Tamisier, sénateur, l'inventeur des canons rayés; Madame Louise Gagneur, romancière; M. Valette, professeur à la Faculté de droit de Paris, le sculpteur Max Claudet et Victor Considérant, nés tous trois à Salins.

VIII. — Population, langue, culte, instruction publique.

La *population* du Jura s'élève, d'après le recensement de 1876, à 288,825 habitants (145,901 du sexe masculin, 142,922 du sexe féminin). A ce point de vue, c'est le soixante-cinquième département. Le chiffre des habitants divisé par celui des hectares donne environ 58 habitants par 100 hectares ou par kilomètre carré; c'est ce qu'on nomme la *population spécifique*. La France entière ayant 69 à 70 habitants par kilomètre carré, il en résulte que le Jura renferme, à surface égale, 11 à 12 habitants de moins que l'ensemble de notre pays.

Depuis 1801, date du premier recensement officiel, le Jura n'a gagné que 672 habitants.

Les Franc-Comtois parlent un patois dérivé du celtique et du roman, dans lequel on retrouve même un assez grand nombre de mots tudesques et quelques expressions arabes et espagnoles. Ce patois a de l'esprit, de la naïveté, et ne manque pas d'une certaine harmonie.

Presque tous les habitants du Jura sont catholiques. Sur les 298,417 habitants de 1866, on ne comptait que 598 protestants et 64 israélites.

Le nombre des *naissances* a été en 1879 de 7,026 (plus 418 mort-nés); celui des *décès*, de 6,518; celui des *mariages*, de 2,275.

La *vie moyenne* est de 37 ans 7 mois.

Le *lycée* de Lons-le-Saunier a compté, en 1877, 289 élèves; les 6 *collèges communaux* d'Arbois, Dole, Poligny, Saint-Amour, Saint-Claude et Salins, 778; 5 *institutions secondaires libres*, 700; 995 *écoles primaires*, 41,744; 52 *salles d'asile*, 5,212. Le département du Jura est le 5e pour le nombre des enfants qui fréquentent les écoles.

Le recensement des 2,060 jeunes gens de la classe de 1876 a donné les résultats suivants :

Ne sachant ni lire ni écrire.	43
Sachant lire seulement.	18
Sachant lire et écrire.	1,866
Bacheliers	5
Dont on n'a pu vérifier l'instruction	128

Sur 23 accusés de crimes en 1877 on a compté :

Accusés ne sachant ni lire ni écrire	2
— sachant lire et écrire.	20
— ayant reçu une instruction supérieure.	1

IX. — Divisions administratives.

Le Jura forme le diocèse de Saint-Claude (suffragant de Lyon), — la 5e (Lons-le-Saunier) et la 6e (Besançon) subdivision du 7e corps d'armée (Besançon). Il ressortit : à la cour d'appel de Besançon, — à l'Académie de Besançon, — à la 7e légion (bis) de gendarmerie (Bourg), — à la 5e et à la 18e inspection des ponts et chaussées, — à la 13e conservation des forêts (Lons-le-Saunier), — à l'arrondissement minéralogique de Châlon-sur-Saône (division du Nord-Est), — à la 6e région agricole (Est). — Il comprend 4 arrondissements (Dole, Lons-le-Saunier, Poligny, Saint-Claude), 32 cantons, 584 communes.

Chef-lieu du département : LONS-LE-SAUNIER.

Chefs-lieux d'arrondissement : DOLE; LONS-LE-SAUNIER; POLIGNY; SAINT-CLAUDE.

Arrondissement de Dole (9 cant.; 138 com.; 113,735 hect.; 75,104 hab.).

Canton de Chaumergy (16 com.; 8,904 hect.; 5,144 hab.) — Bois-de-Gand — Chassagne (La) — Chaumergy — Chaux-en-Bresse — Chêne-Sec — Commenailles — Deux-Fays (Les) — Foulenay — Francheville — Froideville — Recanoz — Rye — Sergenaux — Sergenon — Villey (Le) — Vincent.

Canton de Chaussin (20 com.; 15,798 hect.; 9,445 hab.) — Abergement-Saint-Jean (L') — Asnans — Balaiseaux — Baraing (Saint-) — Beauvoisin — Bretenières — Chaînée-des-Coupis — Chaussin — Chêne-Bernard — Deschaux (Le) — Essards (Les) — Gatey — Hays (Les) — Neublans — Nevy-

DIVISIONS ADMINISTRATIVES. 31

lès-Dole — Pleure — Rahon — Tassenières — Villers-Robert — Seligney.

Canton de Chemin (11 com.; 14,715 hect.; 7,995 hab.) — Annoire — Aubin (Saint-) — Aumur — Champdivers — Chemin — Longwy — Loup (Saint-) — Molay — Peseux — Petit-Noir — Tavaux.

Canton de Dampierre (15 com.; 12,917 hect.; 8,770 hab.) — Antorpe - Barre (La) — Bretenière (la) — Courtefontaine — Dampierre — Étrepigney — Evans — Fraisans — Monteplain — Orchamps — Our — Plumont — Ranchot — Rans — Salans.

Canton de Dole (16 com.; 12,369 hect.; 19,856 hab.) — Abergement-de-la-Ronce (L') — Azans — Biarne — Champvans — Choisey — Crissey — Damparis — Dole — Foucherans — Gevry — Goux — Monnières — Parcey — Sampans — Villette-lès-Dole — Ylie (Saint-).

Canton de Gendrey (14 com.; 8,680 hect.; 4,054 hab.) — Auxange — Gendrey — Louvatange — Malange — Ougney — Pagney — Petit-Mercey — Romain — Rouffange — Saligney — Sermange — Serres-les-Moulières — Taxennes — Vitreux.

Canton de Montbarrey (13 com.; 16,400 hect., 6,066 hab.) — Augerans — Bans — Belmont — Châtelay — Chissey — Germigney — Loye (La) — Montbarrey — Mont-sous-Vaudrey — Santans — Souvans — Vaudrey — Vieille-Loye (La).

Canton de Montmirey-le-Château (14 com.; 11,581 hect.; 5,994 hab.) — Brans — Champagney — Chevigny — Dammartin — Frasne — Marpain — Moissey — Montmirey-la-Ville — Montmirey-le-Château — Mutigney — Offlanges — Peintre — Pointre — Thervay.

Canton de Rochefort (19 com.; 12,309 hect.; 5,800 hab.) — Amange — Archelange — Audelange — Authume — Baverans — Brevans — Châtenois — Eclans — Falletans — Gredisans — Jouhe — Lavangeot — Lavans — Menotey — Nenon — Rainans — Rochefort — Romange — Vriange.

Arrondissement de Lons-le-Saunier (11 cant.; 213 com.; 154,773 hect.; 99,556 hab.).

Canton d'Arinthod (26 com.; 21,070 hect; 8,279 hab.) — Arinthod — Aromas — Boissière (la) — Ceffia — Cernon — Cézia — Charnod — Chatonnay — Chemilla — Chisséria — Coisia — Condes — Cornod — Dramelay — Fétigny — Genod — Hymetière (Saint-) — Lavans-sur-Valouse — Légna — Marigna — Savigna — Thoirette — Vallin — Vescles — Viremont — Vosbles.

Canton de Beaufort (19 com.; 13,430 hect.; 10,024 hab.) — Agnès (Sainte-) — Arthenas — Augea — Augisey — Beaufort — Bonnaud — Césancey — Cousance — Cuisia — Gizia — Grusse — Laurent-la-Roche (Saint-) — Mallerey — Maynal — Orbagna — Rosay — Rotalier — Vercia — Vincelles.

Canton de Bletterans (12 com.; 13,659 hect.; 9,955 hab.) — Arlay — Bletterans — Chapelle-Voland (La) — Cosges — Desnes — Larnaud — Nance — Quintigny — Relans — Repôts (Les) — Ruffey — Villevieux,

Canton de Clairvaux (25 com.; 20,485 hect.; 6,364 hab.) — Barézia — Bissia — Charcier — Charézier — Chevrotaine — Clairvaux — Cogna — Doucier — Fontenu — Franois (Le) — Frasnée (La) — Hautecour — Largillay — Marigny — Menétrux-en-Joux — Mesnois — Patornay — Poitte — Salfloz — Songeson — Soucia — Soyria — Thoyria — Vertamboz — Villard-sur-l'Ain.

Canton de Conliége (18 com.; 15,099 hect.; 7,601 hab.) — Blye — Briod — Châtillon — Chille — Conliége — Courbette — Crançot — Maur (Saint-) — Mirebel — Montaigu — Nogna — Pannessières — Perrigny — Poids-de-Fiole — Publy — Revigny — Verges — Vevy.

Canton de Lons-le-Saunier (19 com.; 10,088 hect.; 20,999 hab.) — Bornay — Chilly-le-Vignoble — Condamine — Courbouzon — Courlans — Courlaoux — Didier (Saint-) — Étoile (L') — Frébuans — Geruge — Gevingey — Lons-le-Saunier — Macornay — Messia — Moiron — Montmorot — Trenal — Vernantois — Villeneuve-sous-Pymont.

Canton d'Orgelet (27 com.; 20,906 hect.; 7,767 hab.) — Alièze — Beffia — le Bourget — Chambéria — Chavéria — Cressia — Dompierre — Écrilles — Essia — Marangea — Marnézia — Mérona — Montjouvent — Moutonne — Nancuise — Nermier — Onoz — Orgelet — Plaisia — Présilly — Pymorin — Réthouse — Rothonay — Sarrogna — Sézéria — Tour-du-Meix (La) — Varessia.

Canton de Sellières (13 com.; 7,777 hect.; 7,758 hab.) — Bréry — Charme (La) — Darbonnay — Lamain (Saint-) — Lombard — Lothain (Saint-) — Mantry — Monay — Passenans — Sellières — Toulouse — Vers-sous-Sellières — Villerserine.

Canton de Saint-Amour (16 com.; 9,619 hect.; 7,061 hab.) — Amour (Saint-) — Balanod — Chazelles — Chevreaux — Digna — Graye-et-Charnay — Jean-d'Étreux (Saint-) — Loisfa — Montagna-le-Reconduit — Nanc — Nantey — Poisoux — Senaud — Thoissia — Véria — Villette-lès-Saint-Amour.

Canton de Saint-Julien (19 com.; 12,357 hect.; 5,239 hab.) — Andelot-lès-Saint-Amour — Balme-d'Épy (La) — Bourcia — Broissia — Dessia — Epy — Florentia — Gigny — Julien (Saint-) — Lains — Lanéria — Louvenne — Monnetay — Montagna-le-Templier — Montfleur — Montrevel — Morval — Villechantria — Villeneuve-lès-Charnod.

Canton de Voiteur (19 com.; 12,199 hect.; 8,489 hab.) — Baume-les-Messieurs — Blois — Château-Châlon — Domblans — Fied (Le) — Frontenay — Granges-sur-Baume — Ladoye — Lamarre — Lavigny — Louverot (Le) — Menétrux-le-Vignoble — Montain — Nevy-sur-Seille — Pin (Le) — Plainoiseau — Germain-les-Arlay (Saint-) — Vernois (le) — Voiteur.

Arrondissement de Poligny (7 cant.; 152 com.; 126,022 hect.; 65,901 hab.).

Canton d'Arbois (15 com.; 14,243 hect.; 9,936 hab.) — Abergement-le-Grand (L') — Arbois — Arsures (Les) — Châtelaine (La) — Cyr (Saint-) — Ferté (La) — Mathenay — Mesnay — Molamboz — Montigny-lès-

Arsures — Montmalin — Planches (Les) — Pupillin — Vadans — Villette-lès-Arbois.

Canton de Champagnole (31 com.; 28.186 hect.; 12,274 hab.) — Andelot-en-Montagne — Ardon — Bourg-de-Sirod — Champagnole — Chapois — Chatelneuf — Cize — Crotenay — Equevillon — Germain-en-Montagne (Saint-) — Larderet (Le) — Latet — Lent — Loulle — Monnet-la-Ville — Montigny-sur-l'Ain — Mont-sur-Monnet — Montrond — Moutoux (Le) — Ney — Pasquier (Le) — Pillemoine — Pont-du-Navoy — Sapois — Sirod — Supt — Syam — Valempoulières — Vannoz — Vaudioux (Le) — Vers-en-Montagne.

Canton de Nozeroy (30 com.; 20,717 hect.; 7,724 hab.). — Arsure-Arsurette — Bief-du-Four — Billecul — Censeau — Cerniébaud — Charency — Communailles — Conte — Cuvier — Doye — Essavilly — Esserval-Combe — Esserval-Tartre — Favière (La) — Fraroz — Froidefontaine — Gillois — Latette (La) — Longcochon — Mièges — Mignovillard — Molpré — Mournans — Nans (Les) — Nozeroy — Onglières — Petit-Villard — Plénise — Plénisette — Rix.

Canton des Planches-en-Montagne (10 com.; 9,766 hect.; 3,645 hab.) — Bief-des-Maisons — Chalesmes (Les) — Chaux-des-Crotenay — Crans — Entre-deux-Monts — Foncine-le-Bas — Foncine-le-Haut — Perrena (La) — Planches (Les) — Treffay.

Canton de Poligny (30 com.; 27,135 hect.; 15,538 hab.) — Abergement-le-Petit — Aumont — Barretaine — Bersaillin — Biefmorin — Besain — Bouchaud (Le) — Brainans — Buvilly — Chamole — Champrougier — Châteley — Chaussenans — Chemenot — Colonne — Faisses (Les) — Fay-en-Montagne — Grozon — Miéry — Molain — Montholier — Neuvilley — Oussières — Picarreau (Le) — Plasne — Poligny — Tourmont — Vaux-sur-Poligny — Villers-les-Bois — Viseney (Le).

Canton de Salins (24 com.; 17,978 hect.; 11,386 hab.) — Abergement-lès-Thésy (L') — Aiglepierre — Aresches — Bracon — Cernans — Champagny — Chapelle (La) — Chaux-sur-Champagny — Chilly-sur-Salins — Clucy — Dournon — Fonteny — Geraise — Ivory — Ivrey — Lemuy — Marnoz — Montmarlon — Pont-d'Héry — Pretin — Saizenay — Salins — Thésy — Thiébaud (Saint-).

Canton de Villers-Farlay (12 com.; 7,997 hect.; 5,398 hab.) — Certemery — Chamblay — Champagne — Cramans — Ecleux — Grange-de-Vaivre — Mouchard — Ounans — Pagnoz — Port-Lesney — Villeneuve-l'Aval — Villers-Farlay.

Arrondissement de Saint-Claude (5 cant.; 81 com.; 103,250 hect.; 50,282 hab.).

Canton des Bouchoux (12 com.; 14,023 hect.; 5,070 hab.) — Bellecombe — Bouchoux (Les) — Choux — Covrière — Coyserette — Haute-Molnnes — Larrivoire — Moussières (Les) — Rogna — Siéges — Viry — Vulvoz.

Canton de Saint-Claude (24 com.; 26,352 hect.; 17,928 hab.) — Avignon — Chassal — Chaumont — Chevry — Cinquétral — Claude (Saint-) — Cutture

— Lajoux-Mijoux — Lamoura — Lavancia — Lavans-lès-Saint-Claude — Leschères — Lupicin (Saint-) — Molinges — Molunes (Les) — Ponthoux Ranchette — Ravilloles — Rixouse (La) — Septmoncel — Valfin-lès-Saint-Claude — Vaux-lès-Molinges — Villard-la-Rixouse — Villard-Saint-Sauveur.

Canton de Saint-Laurent (18 com.; 21,034 hect.; 6,769 hab.) — Château-des-Prés — Chaumusse (La) — Chaux-des-Prés — Chaux-du-Dombief — Crillat — Denezières — Fort-du-Plasne — Grande-Rivière — Lac-des-Rouges-Truites — Pierre (Saint-) — Prénovel — Piards — Petites-Chiettes — Laurent (Saint-) — Maurice (Saint-) — Rivière-Devant — Saugeot — Uxelles.

Canton de Moirans (17 com.; 17,359 hect.; 5,431 hab.) — Chancia — Charchilla — Châtel-de-Joux — Coyron — Crenans — Crozets (Les) — Étival — Grand-Châtel — Jeurre — Lect — Maisod — Martigna — Meussia — Moirans — Montcusel — Pratz — Villard-d'Héria.

Canton de Morez (10 com.; 22,346 hect.; 15,064 hab.) — Bellefontaine — Bois-d'Amont — Lézat — Longchaumois — Morbier — Morez — Mouille (La) — Prémanon — Rousses (Les) — Tancua.

X. — Agriculture.

Sur les 499,401 hectares du Jura, on compte :

Terres labourables.	181,465 hectares.
Prés.	49,004
Vignes.	20,836
Bois.	146,722
Pâturages et pacages	48,682
Terres incultes, superficies bâties, voies de transport, etc.	24,105

On compte, dans le département du Jura, 14,517 chevaux, 544 ânes et 580 mulets. Les chevaux forment une race spéciale, la race comtoise, et les mulets sont expédiés, des cantons d'Arinthod et de Saint-Julien, principalement vers les Hautes-Alpes. Les têtes bovines sont au nombre de 153,460; avec le lait des vaches, on fabrique, dans les cantons de Saint-Claude, Septmoncel, des Bouchoux, etc., un excellent fromage, dit de *Septmoncel*, analogue à celui de Roquefort, et environ 5 millions de kilogrammes de *gruyère*, dans plus de 500 **fromageries**, chalets ou fruitières, répandus surtout dans les cantons de Nozeroy, des Planches, de Septmoncel et de Morez. De petits fromages de chèvres, appelés *chevrets*, jouissent aussi d'une réputation méritée. Le Jura possède de plus 25,762 moutons, 43,012 cochons, 4,680 chèvres, et 13,699 ruches ont donné, en 1877, 39,727 kilo-

AGRICULTURE.

grammes d'un excellent miel. Dans le canton de Saint-Amour s'élèvent les volailles estimées appelées poulardes de Bresse.

Le territoire agricole a produit, en 1877, 773,111 hectolitres de froment, 6,458 de méteil, 32,143 de seigle, 154,835 d'orge, 8,591 de sarrasin, 229,378 de maïs et millet, 296,907 d'avoine, 936,976 de pommes de terre, 24,564 de légumes secs, 161,508 quintaux de betteraves, 586 de houblon, 3,831 de chanvre, 29 de lin, 4,439 kilogrammes d'huile de chènevis, 113,080 kilogrammes d'huile d'œillette, navette, etc.; 6,520 hectolitres de graines de colza (66,240 kilogrammes d'huile de colza) et 369,228 hectolitres de vin.

La culture la plus importante du département est celle du froment, répandue dans les deux tiers du département; le froment le plus estimé est celui du canton de Conliège. La culture des vignes est la plus importante après celle du blé; celle de l'avoine est en troisième ligne.

Les bestiaux et de gras pâturages, où se récoltent en abondance les plantes médicinales, sont la seule richesse de la haute montagne, qui produit peu de grains; à peine quelques champs d'orge, d'avoine, de pommes de terre et de chanvre, y parviennent-ils à maturité à cause de la rigueur du climat. Ce n'est que dans les vallées abritées des Planches, de Sirod et de Syam, dans le Val de Miéges et sur les plateaux de la première chaîne que le froment, le seigle, le maïs, la navette, la fève, les petits pois, lentilles, haricots, etc., sont cultivés avec succès. Chaque année un assez grand nombre d'habitants de la montagne (surtout du canton des Bouchoux) descendent dans le Vignoble et dans la plaine, où ils vont exercer la profession de peigneurs de chanvre ambulants.

La région des collines est riche de ses **vignobles**, et quelques crus ont acquis une juste renommée. Malheureusement la fabrication des vins est soumise à de mauvais procédés, auxquels les vins du Jura doivent leur acidité. Ils se décolorent rapidement et perdent généralement de leur force en vieillissant. On ne les exporte guère que mélangés avec des vins du Midi. Les vins les plus estimés sont produits par les cantons d'Arbois, de Poligny, de Salins et de Voiteur. Les principaux crus, pour les vins rouges, sont : les Arsures, entre Montigny et Aiglepierre, premier vin du département; Arbois, qui produit un vin analogue à celui des Arsures mais plus célèbre (Henri IV en parle souvent dans ses lettres); Salins, dont les vins sont plus précoces que ceux d'Arbois, mais moins alcooliques; Poligny, Ménétru, vignoble d'élite; pour les vins rosés ou clairets, Rousseau et Foulnay; pour les vins blancs doux et mousseux, Arbois, Salins, l'Étoile et Quintigny; pour le vin jaune ou de garde, Château-Châlon, produisant un vin qui, « dans son genre n'a pas de rival en

France. C'est un véritable Madère sec français, très généreux, pourvu d'une belle sève aromatique et digne de sa haute réputation. » Pupillin, Poligny et Ménétru produisent aussi des vins jaunes estimés.

Le Vignoble récolte en outre du blé, de l'avoine, du maïs, de l'orge, la fève, la betterave, les pommes de terre, la navette, le chanvre, le potiron, la courge, les haricots, cultivés aussi dans les vignes, etc. Les prairies naturelles et artificielles (luzerne et trèfle) sont très répandues, surtout dans les cantons de Bletterans, de Montbarrey, etc. Les productions de la plaine sont à peu près identiques; il faut pourtant y ajouter le colza, le sarrasin ou blé noir, le pavot, le panais, les choux de Bruxelles, le sainfoin, etc.

Les bois occupent près du quart du territoire ; mais 108,567 hectares seulement sont soumis au régime forestier, sur lesquels 24,525 appartiennent à l'État. La forêt principale est la *forêt de Chaux* (19,561 hectares), une des plus belles de la France, qui s'étend aussi sur le département du Doubs. Le chêne, le charme et le hêtre y sont les essences dominantes. Le produit annuel des coupes rapporte environ 400,000 fr. à l'État ; de plus, 150,000 francs de bois sont distribués chaque année à une trentaine de communes riveraines de la forêt. Le produit total des forêts du Jura est de 125,445 mètres cubes de bois d'œuvre, et de 500,376 mètres cubes de bois à brûler.

Les autres forêts sont celles des Moidons (3,635 hectares), de la Joux (3,624 hectares), de la Serre (2,800 hectares), de la Fraisse (1,259 hectares), de la Faye-de-Montrond (1,125 hectares), de Bois-d'Amont (616 hectares), de Mouchard (611 hectares), de Vaivre (523 hectares), de Bois-d'Aval (314 hectares), de Creux-Barençot (99 hectares), etc. Les principales essences d'arbres qui peuplent ces forêts sont, dans la haute montagne, les sapins et les épicéas, qui sont flottés par l'Ain jusqu'à Lyon et en Provence ; dans le Vignoble et la Plaine, le chêne, le charme, la charmille, le hêtre, le tremble, l'aulne, l'orme, le cerisier, l'érable, le bouleau, le frêne, etc. Les peupliers et les saules bordent généralement les cours d'eau. Les branches d'une espèce de saule appelées *avents* servent à lier la vigne. — Les *arbres fruitiers* sont le pommier, le poirier, le cognassier, le cerisier, le prunier, le pêcher répandu surtout dans les vignes, le groseiller, etc.

XI. — Industrie.

Les mines et carrières du Jura occupent un grand nombre de bras, soit directement pour leur exploitation, soit indirectement dans les usines métallurgiques.

Le *minerai de fer* est extrait de nombreux gisements compris dans 7 concessions (ensemble 1683 hectares) qui embrassent une partie du territoire des communes de Bersaillin, Malange, Monay, Ougney, Pagney, Romange, Rouffange, Saligny, Sellières, Taxennes, Toulouse et Vitreux. Il en existe en outre à Andelot-en-Montagne, Augea, Authume, Auxange, la Barre, Beaufort, Bouchaud, Foucherans, Gendrey, Montigny, Peintre, Ranchot, Salins, etc. — Il existe de la *houille* à Grozon, Arbois et Tourmont (1,100 hectares) et du *lignite* à Vercia, Orbagna et Beaufort (270 hectares). Aiglepierre possède des *mines de cuivre*; Auge (commune de Barésia), une *mine de plomb*, également inexploitée.

Les *carrières de pierre* sont très-nombreuses. Les principales sont celles de Saint-Ylie, dont les beaux produits, imitant le marbre, sont transportés presque exclusivement à Paris, où on en a fait des piédestaux de candélabres, des balustrades pour les ponts, les squares et le nouvel Opéra. Citons aussi les carrières de Sainte-Agnès, d'Andelot-en-Montagne, d'Antorpe, d'Arinthod, Aromas, Arsure-Arsurette, Audelange, Azans, de Salins, Beffia, Crançot, Dole, Tourmont, la Tournelle (commune d'Aumont), Frasne, Montmirey-le-Château, Saint-Maur, de l'Abbaye-Damparis, Villers-Farlay; celles de Mantry, dont la pierre excellente s'exporte en grande quantité par la Saône. — Le *marbre* vient de Dole, de Chassal, de Pratz, Allonal, Balanod, Montagnat, Nanc, Nantey, Loisia, d'Audelange, de Moirans, Molinges, Chassal, de l'Abbaye-Damparis, de Balanod, Molinges et de Saint-Amour. Parmi les *scieries de marbre*, il faut citer celle d'Audelange (72 lames), celle de Quettans qu'alimente une belle carrière voisine, celle de Molinges, et surtout celles de Saint-Amour (70 ouvriers).

Les villages de la Doye et de Marangea possèdent les plus belles *carrières de tuf* du Jura. Moissey a des *pierres meulières*; Étrepigney, Orchamps, Plumont, de la *terre réfractaire*; Bans, Salins et d'autres localités, des carrières de *plâtre*: du reste, la *pierre à plâtre* existe sur toute la ligne du vignoble; Arlay, des carrières et des fours à *chaux* grasse et hydraulique. Une cinquantaine de *tourbières*, exploitées à Bief-du-Four, Billecul, Bois-d'Amont, aux Rousses, à Septmoncel, Arsure-Arsurette, aux Chalesmes, etc., produisent annuellement environ 75,000 quintaux de combustible.

Mais le rendement des **mines de sel gemme** de Montmorot, Salins et Grozon est bien plus important. Les **salines de Montmorot** (150 ouvriers) possèdent des bancs de sel gemme d'une épaisseur de 30 mètres, situés à une profondeur de 120 à 154 mètres. Les 5 puits donnent par jour 500 hectol. d'eau chacun, à 25 degrés de salure.

La production annuelle est de 97,000 quintaux de sel blanc, 900 quintaux de sulfate en aiguilles et en gros cristaux, et 300 quintaux de chlorure de potassium. Il existe depuis 1839, à Lons-le-Saunier, des *bains* alimentés par des *eaux salines* efficaces contre les hémorrhoïdes, les rhumatismes, la goutte, les maladies des yeux, de la peau, etc., et dont on fait aussi usage en douches et en boisson.

Les **salines de Salins** produisent 60,000 quintaux de sel par an. Les sources, dont le degré de salure est de 23 à 24 degrés, sont aspirées par des pompes hydrauliques. Trois trous de sonde (1845-1849) ont atteint le terrain salifère à 225 mètres ; ils ont été poussés à 243 mètres, $248^m,40$ et $265^m,23$. Chacun d'eux fournit par jour 500 hectol. La moitié des eaux est dirigée par un conduit en fonte, long de 17 kil., sur la saline d'Arc (Doubs), tandis que l'autre, élevée par le même mécanisme, va remplir les réservoirs, d'où elle se rend aux six chaudières à évaporation. Le réservoir du Tripot a 11 mètres de profondeur, 10 mètres de largeur et 40 mètres de longueur. Deux chaudières sont affectées à la fabrication du chlorure de potassium et du sulfate de soude ; la première produit environ 300 quintaux par an, et la seconde 200.

En 1855, M. de Grimaldi, propriétaire des salines, a fondé un *établissement de bains*, amélioré depuis, dont la piscine contient 86,000 litres d'eau (de 28 à 30°).

Les eaux de cet établissement se divisent en eaux naturelles et eaux mères. Les premières (18,000 hectol. par jour) renferment par kilog. 27 gr. 416 de chlorure de sodium. Elles se prennent aussi en boisson. Les *eaux mères* (3 gr. 22 de bromure de potassium par kilog. de liquide) sont le résidu liquide qui reste dans la chaudière après la cristallisation et l'extraction du sel. Les eaux de Salins, analogues à celles de Kreuznach (Prusse), sont beaucoup plus efficaces. Froides (11° 5), limpides, incolores et généralement inodores, elles ont une saveur plus ou moins salée, suivant les sources, et plus intense après les grandes pluies. On les emploie en bains et en douches ; elles ne peuvent être supportées en boisson par la plupart des malades. Leur action sur l'économie est analogue à celle de l'eau de mer. Elles sont excitantes, toniques, résolutives, reconstituantes et particulièrement utiles aux tempéraments lymphatiques. Elles sont efficaces contre la scrofule, la syphilis, le scorbut, le rhumatisme chronique, le rachitisme, la phthisie, la chloro-anémie, les engorgements inflammatoires chroniques, la paralysie rhumatismale, le goître, la coxalgie, le mal de Pott, le diabète, la goutte atonique, etc.

Les *salines de Grozon*, exploitées bien avant la conquête romaine, furent abandonnées au seizième siècle sur l'ordre de Marguerite de

Bourgogne, à cause du dommage qu'elles causaient à celles de Salins. L'exploitation n'a été reprise qu'en 1825.

Quelques autres sources salines ou ferrugineuses ou sulfureuses inutilisées, existent dans plusieurs localités.

Le Jura doit à ses r'ches et abondantes mines de fer plusieurs **établissements métallurgiques** importants. Les *forges de la Saisse*, près de Pont-de-Poitte, construites sur l'Ain en 1779 et considérablement agrandies depuis, disposent d'une force motrice de 340 chevaux-vapeur. Affectée spécialement à la fabrication de la tôle, cette usine comprend 4 feux de forge, 4 fours à réchauffer à la houille, 8 fours à recuire, à vase clos, un four à souder, 5 trains de laminoirs, dont l'un de cingleurs, de 3 cages, un deuxième à laminer les grosses tôles, et un troisième à laminer les tôles minces. La production mensuelle s'élève à 200,000 kilog. — Les *forges de Syam*, bel établissement industriel fondé en 1813, occupent environ 100 ouvriers. Elles se composent de 4 feux de forge pour la fabrication du fer, de 2 martinets et d'un cylindre. A ces forges sont jointes des scieries dont une mécanique (12 lames) et trois circulaires. — Les *forges de Bourg-de-Sirod* comprennent 4 feux de forge pour la fabrication du fer, une tôlerie et une étaminerie. Elles emploient environ 65 ouvriers et exportent chaque année 600,000 kilog. de produits. — L'*usine de la Serre*, à Champagnole, renferme 4 feux de forges, une trélierie, des ateliers de clouterie (pointes de Paris) et de chaînerie, des scieries et un moulin (12 paires de meules). Elle fabrique chaque année un million de kilog. de fer en barres et emploie environ 120 ouvriers. — Les *forges de Baudin*, près de Sellières, occupent 105 ouvriers et fabriquent chaque année un million et demi de fonte moulée. Il en sort aussi différents objets d'art en fonte qui ne sont pas sans mérite. — *Rans, Dampierre, Doucier, Foucherans* et *Fraisans*, qui est le siège principal de la société des forges de Franche-Comté, possèdent des *hauts-fourneaux* considérables. La production totale de la fonte en 1878 a été de 9084 tonnes, celle de la tôle de 7,865 tonnes, et celle du fer de 10,575 tonnes, chiffre qui a été dépassé dans le 1er semestre de 1881. — Les *forges de Pont-du-Navoy* (70 ouvriers) comprennent 4 feux de forges, une tirerie, un cylindre, des moulins et des scieries. Il existe aussi des fonderies de deuxième fusion à Dole, Lons-le-Saunier, Salins, Morez et Morbier; des tréfileries de fer à Arinthod, Revigny, Morez; des clouteries (béquets, pointes de Paris, etc.) à Morez, Vertamboz; des fabriques de limes à Morez; des forges à Dole, Aresches, Beaufort; des fonderies de cuivre à Dole et Morez; une fabrique de pompes à incendie, de poêles en fonte et de fourneaux économiques à Dole; des fabriques de sécateurs à Lons-le-Saunier, Dole, Aiglepierre; des machines à battre, machines à vapeur et turbines à Dole; des fabriques d'instruments aratoires à Poligny et à Clairvaux, etc.

Des industries moins répandues que la métallurgie, mais ayant une très grande importance dans les localités où elles sont concentrées, sont la lunetterie, l'horlogerie, la fabrication des articles dits de Saint-Claude et la lapidairerie. Les ateliers de **lunetterie** et d'**horlogerie** les plus considérables sont à Morez (57 ateliers de lunetterie et 110 d'horlogerie), où se fabriquent annuellement 400,000 douzaines de verres de lunettes, 100,000 horloges ordinaires et un grand nombre d'horloges pour les édifices, des pendules à tableaux, des montres, 50,000 tournebroches et des miroirs à alouettes. Cette ville possède aussi une école d'horlogerie, une fabrique de couverts en maillechort doré et argenté et des manufactures de fer émaillé sur tôle et sur cuivre. Foncine-le-Haut, Morbier, Saint-Laurent, Bois-d'Amont s'occupent également d'horlogerie. Il se fabrique aussi des lunettes à Longchaumois, Prémanon, la Rixouse, Saint-Laurent, Étival et aux Rousses.

Les **articles de Saint-Claude**, fabriqués dans plus de 150 ateliers de cette ville, comprennent les tabatières en corne de buffle et en buis, les pipes en racine de bruyère, la tabletterie, les objets au tour en tous genres, en bois, os, corne, coco, etc. Ces produits s'exportent dans toute l'Europe et en Amérique. Les Bouchoux, Moirans, Lavans-lès-Saint-Claude, Ravilloles, Saint-Lupicin, Arinthod et Cernon s'occupent aussi de ce genre de fabrication.

La **lapidairerie**, industrie créée dans le pays vers 1735, sans cesse perfectionnée depuis, a pour centre la commune de Septmoncel; elle a pris de grands développements dans les premières années de ce siècle. Le nombre des ouvriers dépasse aujourd'hui 500. On avait d'abord taillé du cristal de roche puis du strass. Maintenant on taille toute espèce de pierres fines et fausses, excepté le diamant. Saint-Claude, les Molunes, la Moura, Lajoux et les Bouchoux s'occupent aussi de la taille des pierres précieuses.

Saint-Claude et Longchaumois possèdent des fabriques de mesures linéaires françaises et étrangères.

Parmi les établissements industriels que le Jura doit à l'abondance de ses nombreux cours d'eaux, il faut mentionner surtout plus de 50 belles **scieries**, alimentées par les forêts de sapins du haut Jura. Les plus importantes sont celles de Syam (*V.* ci-dessus), des Planches, de Nozeroy, de Dole, Foncine-le-Bas, Foncine-le-Haut, Fort-du-Plasne, Pont-de-la-Chaux, Moirans, Morez, des Planches-en-Montagne, celle de Pont-de-Poitte, l'une des plus belles du Jura, celles du Lézinet, de Vertamboz, Clairvaux, Arbois, Doucier, Andelange (6 lames), Mathenay, Vadans, Cousance, Champagnole, la Chaux-des-Crotenay, Saint-Claude, Saint-Amour, etc.

Il existe des **papeteries** à Ardon, Aresches, Clairvaux (20 à 25 ouvriers: 150.000 kilog. de papier par an), Fonteny-sur-Salins, l'Abergement, Salins, Macornay, Mesnay (150 ouvriers) et Sirod. On trouve, en outre, trois fabriques de carton à Écrilles, à Courbouzon, Nancuise et au Vernois (commune de Mesnay).

Les *moulins* à blé (140 environ) sont très nombreux surtout dans l'arrondissement de Lons-le-Saunier : parmi les plus importants, nous mentionnerons ceux de Champagnole (10 paires de meules) sur l'Ain, d'Ounans sur la Loue, le moulin des Malades (15 paires de meules) sur le Doubs, près de Ranchot.

Les autres établissements de l'industrie jurassienne sont des *filatures* de coton, à Moirans; de laine, à Balanod, Clairvaux et Salins; une fabrique d'ouate à Salins; des fabriques de velours à Balanod, Arinthod et Saint-Amour; des *tanneries*, à Clairvaux, Lons-le-Saunier, Orgelet (15), Poligny, Champagnole, Mignovillard, Nozeroy, Salins et Saint-Claude. *La Vieille-Loye* possède une importante *fabrique de bouteilles* (100 ouvriers) produisant un million de bouteilles par an. Parmi les poteries, les plus importantes sont celles de Tassenières et d'Étrépigney. Orchamps a une *fabrique de porcelaines*; Salins, une faïencerie. Chissey, Châtelay et Montbarrey tirent leurs principales ressources de la confection de la *vannerie*. Plusieurs localités de la montagne, surtout Bois-d'Amont, exportent de la boissellerie et des caisses d'horloges. Beaufort, Doucier possèdent des taillanderies; Cousance, une fabrique de vinaigre; Dole des fabriques de bleu, de bougies (produit annuel, 420,000 francs), de savon (production annuelle, 225,000 francs) et de cierges en stéarine, de brosses; les Chalesmes, des fabriques de chapeaux de paille et d'eau-de-vie de gentiane; Orgelet et Mons-sous-Vaudrey, des fabriques de colle forte; Lavans, Dole, le Moulin-Rouge, des fabriques de produits chimiques; Villers-Farlay, Port-Lesney, Saint-Laurent, des martinets.

De plus, il se fabrique dans le département, surtout à Lons-le-Saunier, une grande quantité de vin mousseux façon Champagne. Enfin la plus grande partie des villages jurassiens ont des fromageries, outre celles qui sont isolées au milieu des pâturages du haut Jura. Les seules fromageries de Salins préparent annuellement environ 26,000 kilogrammes de fromages façon gruyère (*V.* ci-dessus, *Agriculture*, page 34).

XII. — Commerce, chemins de fer, routes.

Le Jura *exporte :* ses sels, surtout en Suisse; des pierres, principalement celle de Saint-Ylie; du marbre; les divers produits de ses établissements métallurgiques (fers en barres, laminés, martelés, étirés, affinés; fil de fer, clouterie, tôle, poêles en fonte), principalement dans le midi de la France; les lunettes, les horloges et les montres de Morez; les pierres précieuses de Septmoncel; les articles de Saint-Claude, connus dans toute l'Europe, envoyés en Espagne et en Italie; des mesures linéaires; des bois de sapin pour la marine et les constructions; des bois en planches; des peaux brutes ou travaillées, transportées en Saône-et-Loire, dans les départements du Rhône et du Doubs; environ 170,000 hectolitres de vins, et des eaux-de-vie; des vins mousseux façon Champagne, envoyés surtout en Angleterre; des fromages de Gruyère et de Septmoncel, du papier et du carton; du beurre, des farines et généralement tous les produits de son industrie agricole et manufacturière.

Il *importe* des céréales des départements de l'Ain, de la Côte-d'Or et de Saône-et-Loire; des bestiaux de races étrangères à la Franche-Comté; des vins du Midi, de Bordeaux et de Bourgogne; des houblons d'Alsace et d'Allemagne, pour ses brasseries; des articles de mode, d'épicerie, de librairie, des denrées coloniales; des nouveautés de Besançon et de Paris; des cuivres en feuilles, de la houille du bassin de la Loire; des pierreries brutes d'Allemagne; des cornes de buffles, de l'écaille, de l'ivoire, et des cocos d'Amérique pour la fabrique de Saint-Claude.

Le département du Jura est traversé par huit chemins de fer, d'un développement total de 252 kilomètres.

1° Le chemin de fer *de Paris à Neuchâtel* passe du département de la Côte-d'Or dans celui du Jura à 7 kilomètres environ au-delà de la gare d'Auxonne. Il dessert Champvans, Dole, Grand-Contour, Montbarrey, Châtelay, entre un instant dans le Doubs, passe à Mouchard, Mesnay-Arbois, Pont-d'Héry, Andelot et quitte définitivement le Jura à 3 kilomètres au delà de la Joux, après un parcours de 71 kilomètres.

2° Le chemin de fer *de Dole à Besançon*, dominant a droite la belle vallée du Doubs, a pour stations Rochefort, Orchamps, Labarre et Ranchot. Il sort du Jura non loin de la gare de Saint-Vit. Longueur, 26 kilomètres.

3° L'embranchement *de Labarre à Gray* passe à Gendrey et

Ougney, avant d'entrer dans le département de la Haute-Saône, en franchissant l'Ognon. Parcours, 14 kilomètres.

4° La ligne *de Dole à Chalon-sur-Saône*, descendant vers la large vallée du Doubs, croise le canal du Rhône au Rhin au delà de Foucherans et en deçà de Tavaux, traverse le Doubs sur un pont de cinq arches non loin de l'embouchure de la Loue, dessert Chaussin et Neublans, puis entre en Saône-et-Loire après un parcours de 29 kilomètres.

5° L'embranchement *de Mouchard à Salins* a 8 kilomètres de développement.

6° L'embranchement *d'Andelot à Champagnole* (14 kilomètres) n'a qu'une station intermédiaire, Vers-en-Montagne.

7° La ligne *de Mouchard à Lyon*, longeant le pied de la première chaîne des monts Jura, dessert Arbois, Grozon, Poligny, Saint-Lothain, Passenans, Domblans, Montain-Lavigny, Lons-le-Saunier, Gevingey, Sainte-Agnès, Beaufort et Cousance, entre en Saône-et-Loire, où elle a une station, Cuiseaux, rentre dans le Jura en deçà de Saint-Amour, puis le quitte définitivement pour entrer dans le département de l'Ain. Parcours, 80 kilomètres.

8° Le chemin de fer *de Lons-le-Saunier à Châlon* (10 kilomètres) n'a que deux stations dans le Jura, Chilly-le-Vignoble et Courlaoux.

D'autres chemins de fer en construction relieront Lons-le-Saunier à Champagnole par Conliège, Champagnole à Morez, Morez à la Cluse-Nantua par Saint-Claude, Dijon à Saint-Amour, Dole à Poligny.

Les voies de communication comptent 7,555 kilomètres, savoir :

8 chemins de fer		252 kil.
5 routes nationales		555 1/2
21 routes départementales		607
5,265 chemins vicinaux	52 de grande communication	846
	29 de moyenne communication	477
	3,184 de petite communication	4,664
		5,987
2 rivières navigables		94
1 canal		39 1/2

XIII. — Dictionnaire des communes.

Abergement-de-la-Ronce (l'), 585 hab., c. de Dole.

Abergement-le-Grand (l'), 188 hab., c. d'Arbois.

Abergement-le-Petit (l'), 129 hab., c. de Poligny.

Abergement-lès-Thésy (l'), 147 hab., c. de Salins.

Abergement-Saint-Jean (l'), 186 hab., c. de Chaussin.
Acey, V. Vitreux.
Agnès (Sainte-), 416 hab., c. de Beaufort.
Aiglepierre, 462 hab., c. de Salins. ⟶ Château moderne avec une vieille tour; l'ancienne chapelle castrale sert d'église paroissiale.
Alièze, 294 hab., c. d'Orgelet.
Amange, 531 hab., c. de Rochefort.
Amour (Saint-), 2419 hab., chef-lieu de canton, dans le Vignoble, au pied du Jura, arr. de Lons-le-Saunier.
Andelot-en-Montagne, 759 hab., c. de Champagnole. ⟶ Eglise de 1343, restaurée depuis. — Beau viaduc du chemin de fer (14 arches, 90 mèt. de longueur, 20 mèt. de hauteur), sur le bief d'Andelot.
Andelot-lès-Saint-Amour, 146 hab., c. de Saint-Julien. ⟶ Ancien château de la famille d'Andelot-Coligny.
Annoire, 744 hab., c. de Chemin. ⟶ Vestiges de fortifications.
Antorpe, 102 hab., c. de Dampierre.
Arbois, 5,027 hab., chef-lieu de canton de l'arrond. de Poligny, à l'entrée du charmant vallon de la Cuisance, entre deux montagnes dont les vignobles produisent des vins très-estimés; siége du tribunal de 1re instance. ⟶ Tours Gloriette et Vellefaux (xiiie s.), restes des fortications; celle-ci fait partie du presbytère. — Vieux-Château (beaux jardins en terrasses), ancienne résidence des comtes de Bourgogne. — L'église Saint-Just, dont la fondation remonte au xe s., est un mélange confus de différents styles (clocher commencé en 1528). A l'intérieur: boiseries des confessionnaux, de la chaire et de l'orgue; marbres du maître-autel (mosaïque formant marche-pied) et fonts baptismaux. A cette église était joint un prieuré dont il reste un petit bâtiment à g. et en contre-bas de la route de Poligny. — L'ancienne collégiale de Notre-Dame, construite en 1384 (clocher et partie de la nef du xviiie s.) et plusieurs fois restaurée depuis, sert de halle au blé. — L'ancien couvent des Ursulines (1764), élevé sur les plans d'Attiret, a été converti en hôtel de ville et en palais de justice (église surmontée d'un élégant campanile); celui des Minimes, en collége communal; celui des Capucins, en pensionnat des Filles-de-Marie. L'église des Tiercelines sert de salle de spectacle. — Hôpital de 1681. — Maison d'arrêt, belle construction moderne. — Bibliothèque communale, de 6,000 vol. — Promenades de la Foule, plantée de beaux tilleuls, et du Champ de Mars, ombragée de platanes. — Belles habitations de Mme de Broissia, grand'rue; de Mme Domet de Mont et de Mme Petit, au faubourg de Verreux; etc. — Ermitage fondé au xve s. et converti aujourd'hui en orphelinat (Vierge miraculeuse). — Villa des Tourillons (ancienne tour), à M. Parandier.
Archelange, 506 hab., c. de Rochefort. ⟶ Fontaine de Saint-Marcou, but de pèlerinage pour les scrofuleux.
Ardon, 105 hab., c. de Champagnole.
Aresches, 327 hab., sur le sommet d'une montagne à pic dominant l'étroite et profonde gorge de la Furieuse, c. de Salins. ⟶ Chœur ogival de l'église. — Château ruiné. — A Lercenne, restes d'un village enseveli, en 1649, par un éboulement de rochers.
Arinthod, 1,158 hab., chef-lieu de canton dominant la gorge de la Valouse, arr. de Lons-le-Saunier. ⟶ Dolmen de la Pierre-Éfion; menhir de la Chaise-à-Dieu. — Autel de Mars, encastré dans la muraille de la sacristie. — Dans l'église (xiie siècle), magnifique statue du Christ, belle chaire sculptée et bons tableaux. — Au cimetière, croix en pierre fort ancienne.
Arlay, 1,409 hab., c. de Bletterans. ⟶ Ruines importantes d'un château du xie siècle, détruit en 1479, et beau château moderne du prince d'Aremberg. — Beau tableau dans l'église. — Maisons anciennes. — Belle croix devant l'ancien hôpital du Saint-Esprit.
Aromas, 785 hab., c. d'Arinthod.
Arsure-Arsurette, 384 hab., c. de Nozeroy. ⟶ Église: chœur du xie s.
Arsures (les), 247 hab., c. d'Arbois.
Arthenas, 275 hab., c. de Beaufort. ⟶ A Trépugna, grotte à double entrée.
Asnans, 718 hab., c. de Chaussin.

Aubin (Saint-), 1,547 hab., c. de Chemin.
Audelange, 266 hab., c. de Rochefort. → Église en partie du XIIe s.
Augea, 601 hab., c. de Beaufort.
Augerans, 165 hab., c. de Montbarrey.
Augisey, 403 hab., c. de Beaufort.
Aumont, 702 hab., c. de Poligny.
Aumur, 349 hab., c. de Chemin.
Authume, 412 hab., c. de Rochefort.
→ Château du XVIIe siècle. — Bons tableaux dans l'église (1762).
Auxange, 160 hab., c. de Gendrey. → Ruines d'un château du XIe s.
Avignon, 192 hab., c. de St-Claude.
Azans, 294 hab., c. de Dole. → Jolie église moderne renfermant des fresques, un riche autel et de curieux fonts baptismaux. — Ancien couvent converti en maison d'aliénés.
Balaiseaux, 290 h., c. de Chaussin.

Arbois

Balanod, 52 hab., c. de Saint-Amour. → Belle croix en pierre de 1687.
Balme-d'Épy (la), 122 hab., c. de Saint-Julien. → Grotte où naît un affluent du Surand.
Bans, 192 hab., c. de Montbarrey. → Belle croix en pierre.
Baraing (Saint-), 280 hab., c. de Chaussin. → Église ; sculptures du retable.
Barésia, 221 hab., c. de Clairvaux. → Profonde vallée de l'Ain. — Camp gaulois ou romain, où l'on a découvert onze tombeaux antiques.
Barre (la), 240 h., c. de Dampierre. → Levée dite de Jules-César. — Château moderne (chapelle de 1625).
Barretaine, 385 hab., c. de Poligny. → Grotte renfermant une statue de saint Savin.
Baume-les-Messieurs, 612 hab., dans un vallon remarquable par des rochers perpendiculaires appelés Roches de Baume, c. de Voiteur. → Au confluent de la Seille et du Dard ruines de l'abbaye de Baume, fondée, dit-on, au VIe s. et devenue, au IXe, le berceau de l'ordre de Cluny. Il ne reste

de l'abbaye, précédée d'une promenade plantée de tilleuls, que quelques débris de constructions, une partie du cloître et l'église abbatiale. La cour du cloître (fontaine jaillissante) est entourée des habitations des chanoines et d'un magnifique portique à vingt arcades ogivales. Les galeries ont été malheureusement enterrées jusqu'à une grande partie de leur hauteur primitive. Ces bâtiments sont, depuis la Révolution, des propriétés particulières. L'église abbatiale (mon. hist.[1] du XVe s.; tour du clocher du XIIe), dédiée à saint Pierre, formait un des côtés du monastère. Elle est construite en pierre calcaire de Crançot; mais l'irrégularité de la maçonnerie, à l'extérieur, indique suffisamment qu'elle date de plusieurs époques. Un pilier quadrangulaire divise l'entrée principale (XVe s.) en deux parties, et un faisceau de colonnes engagées, supportant un beau Christ en pierre, de grandeur naturelle, s'appuie à ce pilier; mais l'une des deux mains du Christ a été brisée. A l'intérieur, la longueur de la grande nef, y compris le chœur et le sanctuaire, est de 71 mèt. 10 c. sur 7 mèt. 80 c. de largeur. Les nefs sont séparées par de lourds piliers romans en maçonnerie, alternativement carrés, ronds ou octogones, sans bases ni chapiteaux. Entre la sixième et la septième arcade, la nef est coupée par un mur destiné à séparer les religieux des simples fidèles. Les fenêtres de la nef principale sont à plein cintre, celles du chœur et des basses nefs sont ogivales. Le maître-autel est orné d'un triptyque, haut de plus de 3 mèt., enrichi de belles peintures du commencement du XVIe s. Sur deux autres autels, on voit deux statues, du XVe s. aussi, représentant: l'une la Vierge, l'autre la Madeleine. Enfin, on remarque dans cette église de bons tableaux, et plusieurs tombeaux intéressants: celui de Renaud de Bourgogne, comte de Montbéliard (XIVe s.); les débris de celui de la dame de Villars, épouse d'Hugues de Vienne; les tombeaux d'Amédée de Châlon, abbé de Baume (XVe s.), et de Jean de Watteville; le mausolée de la princesse Mahaut, fille de Jean de Châlon l'Antique, première abbesse du Sauvement, de l'ordre de Fontevrault. Ce mausolée est en marbre de Saint-Lothain. L'abbesse est représentée en demi-relief, couchée sur le dos. L'église de Saint-Pierre est aujourd'hui paroissiale, et l'ancienne église paroissiale, dédiée à saint Jean-Baptiste, n'est plus qu'une église annexe, où l'on dit la messe à certains jours de l'année. — La principale source de la Seille est située à 1 kil. de l'abbaye, au fond d'un vallon sauvage, dans une grotte élevée de 10 mèt. au-dessus de la base des rochers, et d'où les eaux s'échappent en cascade; une autre source jaillit un peu plus bas, et fournit, en toute saison, un volume d'eau de 2 mèt. de largeur sur 16 c. d'épaisseur. Dans les temps de sécheresse, quand la première source ne se précipite pas du rocher, on peut, à l'aide d'une échelle appuyée sur une pointe de rocher au pied de laquelle s'ouvre un précipice, pénétrer dans la grotte, qui renferme un lac et dont la profondeur est inconnue. Au fond du fer à cheval formé par le vallon de la Roche, est une autre caverne où l'on a découvert des salles toutes brillantes de stalactites. Des fouilles en ont fait sortir de curieux débris paléontologiques et des preuves du séjour de l'homme préhistorique. De plus, les rochers nommés le Gibga sont percés de nombreuses excavations qui produisent de singuliers échos.

Baverans, 158 hab., c. de Rochefort. ⟶ Chœur de l'église (XIVe s.); beau tableau (Notre-Dame des Sept-Douleurs).

Beaufort, 1,301 hab., chef-lieu de canton, au pied de la première chaîne du Jura, arr. de Lons-le-Saunier. ⟶ Dans l'église (clocher du XVe s.), 5 bons tableaux. — Sur une hauteur (immense horizon), ruines d'un château du XIIe s.

Beauvoisin, 270 h., c. de Chaussin.

---

[1] On appelle *monuments historiques* les édifices reconnus officiellement comme présentant de l'intérêt au point de vue de l'histoire de l'art, et susceptibles, pour cette raison, d'être subventionnés par l'État.

Beffia, 165 hab., c. d'Orgelet.
Bellecombe, 369 hab., c. des Bouchoux.
Bellefontaine, 581 hab., c. de Morez. ⟶ Lac formé de deux bassins ayant ensemble 2 kil. de longueur sur 500 mèt. de largeur.
Belmont, 271 hab., c. de Montbarrey. ⟶ Le chœur de l'église et la chapelle du Saint-Esprit datent du xɪvᵉ s., le clocher de 1789, le reste du xvɪɪᵉ s.
Bersaillin, 575 hab., c. de Poligny. ⟶ Château du marquis de Froissard (xɪvᵉ s.); dans la chapelle seigneuriale, beaux reliquaires et mausolée d'Adrien de Vaudrey et d'Anne de Vuillafans, son épouse.
Besain, 314 hab., c. de Poligny.
Biarne, 510 hab., c. de Dole. ⟶ Église des xɪɪᵉ et xvɪɪᵉ s. — Château moderne.
Bief-des-Maisons, 214 hab., c. des Planches. ⟶ Grottes.
Bief-du-Fourg, 410 hab., c. de Nozeroy. ⟶ Château ruiné.
Biefmorin, 221 hab., c. de Poligny. ⟶ Antiquités gauloises. — Excavations artificielles dans les bois.
Billecul, 157 hab., c. de Nozeroy.
Bissia, 131 hab., c. de Clairvaux. ⟶ Tumuli.
Bletterans, 1,508 hab., chef-lieu de canton, dans la large plaine de la Seille. ⟶ Église : chœur et tour de 1290.
Blois, 276 hab., c. de Voiteur. ⟶ Bons tableaux dans l'église. — Grottes.
Blye, 515 hab., c. de Conliége. ⟶ Tumulus de la Grillière. — Église ancienne défigurée ; voûte du xɪɪɪᵉ s.
Bois-d'Amont, 1,481 h., c. de Morez.
Bois-de-Gand, 162 hab., c. de Chaumergy.
Boissière (la), 191 hab., c. d'Arinthod.
Bonlieu, V. Petites-Chiettes.
Bonnaud, 115 hab., c. de Beaufort.
Bornay, 221 hab., c. de Lons-le-Saunier. ⟶ Ruines d'un château du xɪɪɪᵉ s. — Grottes.
Bouchaud (le), 274 hab., c. de Poligny.
Bouchoux (les), 895 hab., chef-lieu de canton, sur un plateau dominant les gorges du Tacon, arr. de Saint-Claude.

⟶ Église : clocher et chœur d'une église antérieure très-ancienne. — Du cimetière (5 arbres de plus de 300 ans) et des ruines du prieuré de Cuttura, beaux points de vue. — Dans le bois des Écolais, Pierre-qui-Vire, monument druidique.
Bourcia, 364 hab., c. de Saint-Julien. ⟶ Ruines d'un château du xɪɪɪᵉ s. — Source de la Rochette, à Civria.
Bourg-de-Sirod, 292 hab., c. de Champagnole. ⟶ Cascade et Perte de l'Ain (V. p. 6). — Sur la montagne à pic qui domine le bourg, ruines du Château-Vilain, détruit en 1810.
Bourget (le), 180 hab., c. d'Orgelet.
Bracon, 508 hab., c. de Salins. ⟶ Ruines d'un château fort.
Brainans, 401 hab., c. de Poligny.
Brans, 380 hab., c. de Montmirey. ⟶ Château.
Bréry, 375 hab., c. de Sellières.
Bretenière (la), 185 hab., c. de Dampierre.
Bretenières, 150 h., c. de Chaussin.
Brevans, 252 hab., c. de Rochefort.
Briod, 174 hab., c. de Conliége. ⟶ Castramétation romaine. — Ancienne église de Saint-Étienne de Coldres (magnifique point de vue sur la Bourgogne).
Broissia, 153 hab., c. de Saint-Julien. ⟶ Ancienne chapelle de Saint-Oyant.
Buvilly, 577 hab., c. de Poligny.
Ceffia, 149 hab., c. d'Arinthod. ⟶ Église du xɪɪᵉ et du xvᵉ s.
Censeau, 645 hab., c. de Nozeroy. ⟶ Église de 1749 : beau maître-autel en marbres variés ; chaire à prêcher richement sculptée.
Cernans, 272 hab., c. de Salins.
Cerniébaud, 197 hab., c. de Nozeroy. ⟶ Grotte de la Roche-Percée.
Cernon, 417 hab., c. d'Arinthod.
Certeméry, 45 hab., c. de Villers-Farlay. ⟶ C'est le *Sartum Mortaliæ* des légendes (?).
Césancey, 554 hab., c. de Beaufort. ⟶ Église restaurée en 1845 et 1846; beau retable.
Cézia, 135 hab, c. d'Arinthod.
Chaînée-des-Coupis, 228 hab., c. de Chaussin.
Chalesmes (les), 282 hab., c. des

Planches. ➛ Église : porte d'entrée et chœur du xiii⁰ s.

Chambéria, 405 hab., c. d'Orgelet. ➛ Ruines d'un château. — Église, chœur du xiii⁰ s.

Chamblay, 895 hab., port sur la Loue, c. de Villers-Farlay.

Chamole, 212 hab., c. de Poligny. ➛ Chapelle dans le style du xiii⁰ s.

Champagne, 218 hab., c. de Villers-Farlay.

Champagney, 560 hab., c. de Montmirey.

Champagnole, 3,418 hab., chef-lieu de canton, sur l'Ain (deux ponts, dont l'un de 1771), pittoresquement encaissé, à 545 mèt. d'altitude; arr. de Poligny. ➛ Église commencée en 1750; beau tableau représentant le martyre de saint Sébastien ; jolies sculptures dans le chœur. — Belle usine de la Serve. — Château de la Berthe. — Mont-Rivel (789 mèt. d'altitude), pyramide triangulaire, tronquée, terminée par un plateau couvert de beaux sapins et portant un observatoire et les ruines d'un château.

Champagny, 83 hab., c. de Salins.

Champdivers, 372 h., c. de Chemin.

Champrougier, 307 hab., c. de Poligny.

Champvans, 1,100 hab., c. de Dole. ➛ Belle église du xv⁰ s., restaurée en 1682.

Chancia, 111 hab. c. de Moirans. ➛ Cascatelles du bief de la Côte.

Chapelle (la), 453 hab., c. de Salins. ➛ Église en partie du xvi⁰ s.; chaire et retable style Louis XV, délicatement sculptés. — Château des xvii⁰ et xviii⁰ s.

Chapelle-Voland (la), 1,705 hab., c. de Bletterans.

Chapois, 430 hab., c. de Champagnole. ➛ Ruines d'un château du xv⁰ s. — Au bord d'un précipice, chapelle de Garde-Bois, restaurée en 1676.

Charchilla, 305 hab., c. de Moirans.

Charcier, 262 hab., c. de Clairvaux. ➛ Source du Dudon et Saut de la Syrène.

Charency, 112 hab., c. de Nozeroy.

Charézier, 251 hab., c. de Clairvaux. ➛ Vieux manoir et chapelle de Saint-Sorlin, sur une colline isolée, contournée par l'Ain. — Sites pittoresques.

Charme (la), 109 hab., c. de Sellières

Charnod, 153 hab., c. d'Arinthod.

Chassagne (la), 305 hab., c. de Chaumergy.

Chassal, 294 hab., c. de Saint-Claude.

Château-Châlon, 591 hab., au bord d'un escarpement dominant de 222 mèt. le cours de la Seille, c. de Voiteur. ➛ Restes d'une forteresse construite par Charles le Chauve. — Tour de l'ancien château. — Dans l'église, admirable groupe en albâtre figurant la Trinité. — Grotte.

Château-des-Prés, 185 hab., c. de Saint-Laurent. ➛ Grotte. — Restes d'une tour féodale. — Aux Frasses, ancien ermitage et vieille chapelle.

Châtelaine (la), 178 hab., c. d'Arbois. ➛ Ruines d'un château du xi⁰ s., situé sur un pic dominant la gorge de la Cuisance et démantelé par Louis XI en 1481. L'ancienne chapelle castrale sert d'église paroissiale. Beau château moderne avec parc de 55 hectares.

Châtel-de-Joux, 180 hab., c. de Moirans. ➛ Grotte de la Baume. — Lac de la Censière.

Châtelay, 142 hab., c. de Montbarrey.

Châteley (le), 262 hab., c. de Poligny.

Châtelneuf, 179 hab., c. de Champagnole. ➛ Église en partie des xiii⁰-xiv⁰ s. — Ruines d'un château du xiii⁰ s.

Châtenois, 275 h., c. de Rochefort.

Châtillon, 446 hab., c. de Conliège. ➛ Dans l'église (1806), bons tableaux, reliques des saints Valère et Grégoire. — Château ruiné.

Chatonnay, 158 hab., c. d'Arinthod. ➛ Ancien prieuré.

Chaumergy, 517 hab., chef-lieu de canton, sur la Brenne, arr. de Dole.

Chaumont, 318 hab., c. de Saint-Claude. ➛ Cascade de 50 mèt., nommée la Queue-de-Cheval.

Chaumusse (la), 286 hab., c. de Saint-Laurent. ➛ Précipice du Tan.

Chaussenans, 174 h., c. de Poligny. ➛ Champ-Rignard, ancienne maison de chasse des comtes de Bourgogne.

Chaussin, 1,210 hab., chef-lieu de canton, sur l'Orain, arr. de Dole. ➛ Église de la Renaissance; bons tableaux. — Vestiges d'un château et d'anciennes fortifications.

Chaux-des-Crotenay, 550 hab., c. des Planches. ⟶ Église du XVe s.; boiseries de la chaire, tableaux, statuette de la Vierge, en marbre, et Christ en pierre. — Château du XIIIe s.

Chaux-des-Prés, 162 hab., c. de Saint-Laurent.

Chaux-du-Dombief, 606 hab., c. de Saint-Laurent. ⟶ Ruines du château de l'Aigle (1504). — Lacs de l'Autel, de Maclus et d'Ilay.

Chaux-en-Bresse, 81 hab., c. de Chaumergy.

Chaux-sur-Champagny, 82 hab., c. de Salins.

Chavéria, 555 hab., c. d'Orgelet.

Chazelles, 214 hab., c. de Saint-Amour. ⟶ Source de la Doye.

Chemenot, 211 hab., c. de Poligny.

Chemilla, 125 hab., c. d'Arinthod. ⟶ Curieuse croix en pierre sculptée de 1554. — Grotte.

Chemin, 451 hab., chef-lieu de canton, à 5 kil. 1/2 du Doubs, arr. de Dole.

Ponts de Champagnole, d'après le *Jura pittoresque* de M. Ch. Sauria.

⟶ Château de Beauchemin (1770). — Jolie maison du XVe s.

Chêne-Bernard, 127 hab., c. de Chaussin.

Chêne-Sec, 114 h., c. de Chaumergy.

Chevigny, 456 hab., c. de Montmirey-le-Château. ⟶ Château fort des XIVe et XVe s. — Église de 1777; bons tableaux.

Chevreaux, 545 h., c. de Saint-Amour. ⟶ Ruines d'un château.

Chevrotaine, 82 h., c. de Clairvaux. ⟶ Lac du Vernois (800 mètres de longueur sur 400 de largeur).

Chevry, 107 h., c. de Saint-Claude ⟶ Château de 1540.

Chille, 216 h., c. de Conliége. ⟶ Chapelles avec tombes des supérieurs du grand séminaire diocésain.

Chilly-le-Vignoble, 416 h., c. de Lons-le-Saunier. ⟶ Église en partie du XVe s., nef du XVIe.

Chilly-sur-Salins, 250 h., c. de Salins. ⟹→ Magnifique tabernacle dans l'église.

Chisséria, 196 h., c. d'Arinthod.

Chissey, 722 h., c. de Montbarrey. ⟹→ Église du XIIIe s. (mon. hist.) ayant conservé des parties romanes; chaire richement décorée dans le style Louis XV.

Choisey, 513 h., c. de Dole. ⟹→ Ruines d'un château, et d'une villa ou d'un temple romain à Parthey.

Choux, 362 h., c. des Bouchoux.

Cinquétral, 673 h., c. de Saint-Claude. ⟹→ Fontaine intermittente de Noire-Combe.

Cize, 154 h., c. de Champagnole.

Clairvaux, 1,059 h., ch.-l. de c. de l'arr. de Lons-le-Saunier. ⟹→ Il reste du château une des tours, convertie en prison, et la chapelle de Notre-Dame de l'Isle. — Dans l'église 3 tableaux de Vien et de Coypel. — Restes des remparts. — Promenades du Parterre, dominant à leur jonction les ravins du Drouvenant et de la rivière du Lac. — Les deux lacs de Clairvaux, dans lesquels a été découverte récemment une cité lacustre, sont séparés par une plaine de 350 mètres submergée en hiver.

Saint-Claude, V. de 7,550 h., ch.-l. d'arr., située à 409 mètres d'altitude, à la base O. du Mont-Bayard (956 mètres), au confluent de la Bienne et du Tacon, et au centre d'un bassin entouré de hautes montagnes. La plupart de ses rues sont étroites, montueuses, bordées de vieilles masures à l'aspect sombre et triste; la plus belle est la rue du Pré, où se trouvent la sous-préfecture et l'hôtel de ville. ⟹→ Il ne reste de la célèbre abbaye de Saint-Claude, vendue nationalement en 1790 et incendiée en 1799, que l'église Saint-Pierre, une partie des remparts et une fontaine. La cathédrale Saint-Pierre, édifice lourd, commencée au XIVe s., continuée aux siècles suivants, restaurée sans goût aux XVIIIe et XIXe s., en partie inachevée, se compose de trois nefs, d'un sanctuaire, d'un chœur et de sacristies; sa longueur est de 62m,40; sa largeur, de 26m,40; sa hauteur, de 24m,50. Le style gothique domine à l'intérieur. On y remarque: les 32 stalles du chœur, sculptées, de 1449 à 1460, par Pierre de Vitry, bourgeois de Genève; un tableau sur bois de l'école italienne (l'autel de Saint-Pierre), entouré de médaillons; un tableau du martyre de saint Laurent, attribué à tort au Dominiquin; un calice en vermeil avec rubis et émaux du XVIe s., ayant appartenu à saint François de Sales. — Dans la rue du Pré, jolie fontaine (de petits Amours assis sur des Tritons). — Un remarquable pont suspendu, inauguré les 29 et 30 novembre 1845, réunit la montagne des Étappes à la place Saint-Pierre, en traversant la vallée du Tacon, profonde de 50 mètres au-dessous du tablier; sa longueur est de 148 mètres; la largeur du tablier, de 7m,30. Chaque extrémité est pourvue d'une porte en pierre percée en ogive. Une belle route neuve vient y aboutir; l'ancienne route traversait le Tacon sur un pont de pierre très-ancien et très-étroit, et gravissait la rue escarpée de la Poyat où l'on trouve encore quelques maisons de la Renaissance, échappées à l'incendie de 1799. — Un viaduc en pierre, qui franchit la vallée de la Bienne, sert au passage de la route de Saint-Claude à Saint-Laurent et à Morez: 30 mètres de hauteur, 122 mètres de largeur, 6 grandes arches de 14 mètres d'ouverture. — Caverne des Foules et grotte de l'Ermitage. La première a, si l'on en croit la tradition locale, plus d'une lieue de longueur; quant à la grotte de l'Ermitage, large seulement de 5 mètres, elle n'a que 7 mètres de profondeur; mais elle renferme une source dédiée à sainte Anne, dont l'eau guérit, dit-on, les maux d'yeux. — Cascades des Combes et de la Queue-de-Cheval, formées par deux cours d'eau qui descendent avec impétuosité, celui de l'O. de la combe de Tressus, celui de l'E. d'une autre combe voisine moins étendue.

Clucy, 132 h., c. de Salins.

Cogna, 255 h., c. de Clairvaux.

Coiserette, 253 h., c. des Bouchoux.

Coisia, 225 h., c. d'Arinthod. ⟹→ Mont Olipherne, couronné par la tour légendaire d'un château démantelé lors de la conquête définitive de la Franche-

Comté par les Français, auxquels il avait opposé une résistance héroïque.

Colonne, 656 h., c. de Poligny. ⟶ Château ruiné du XIIIᵉ s., flanqué de trois belles tours à meurtrières. — Vestiges d'un prieuré du XIVᵉ s.

Commenailles, 1,259 h., c. de Chaumergy.

Communailles, 140 h., c. de Nozeroy. ⟶ Croix en pierre sculptée du XIVᵉ s.

Condamine, 501 h., c. de Lons-le-Saunier. ⟶ Chapelle du XIIIᵉ s., restaurée.

Condes, 220 h., c. d'Arinthod. ⟶ Bloc de pierre appelé la Dame-de-la-Manche ou la Dame-à-Nicolas-Mercier, et imitant parfaitement la forme d'un corps humain (10 mètres de hauteur).

Conliége, 995 h., ch.-l. de c., arr. de Lons-le-Saunier. ⟶ Église de 1395, agrandie au commencement du XVIIᵉ s.; belle grille en fer séparant le chœur de la nef; chaire à prêcher, stalles du chœur richement sculptées, vitraux, châsse renfermant les reliques de saint Fortuné. — Vestiges du camp romain de Coldres et église très-ancienne de Saint-Étienne de Coldres (où reposent plusieurs chevaliers de Saint-Jean de Jérusalem), sur une hauteur (vue splendide).

Conte, 122 h., c. de Nozeroy. ⟶ Source de l'Ain (V. p. 6).

Cornod, 650 h., c. d'Arinthod. ⟶ Donjon d'un ancien château.

Cosges, 757 h., c. de Bletterans.

Courbette, 100 h., c. de Conliége.

Courbouzon, 592 h., c. de Lons-le-Saunier. ⟶ Vestiges d'un château.

Courlans, 450 h., c. de Lons-le-Saunier. ⟶ Château du XVIIIᵉ s.

Courlaoux, 868 h., c. de Lons-le-Saunier. ⟶ Église et belle croix en pierre du XVIᵉ s.

Courtefontaine, 410 h., c. de Dampierre. ⟶ Belle église romane (mon. hist.) bâtie de 1152 à 1179. — Ancien monastère d'Augustins occupé par les Maristes. — Source se jetant dans le Doubs après un cours souterrain de 5 kil.

Cousance, 1,425 h., c. de Beaufort. ⟶ Église du XIIIᵉ s.; clocher élégant.

Coyrière, 206 h., c. des Bouchoux.

Coyron, 125 h., c. de Moirans. ⟶ Pont couvert, d'une seule arche de 38 mètres (1812).

Cramans, 657 h., c. de Villers-Farlay. ⟶ Dans l'église, belles boiseries de la chaire, du baptistère, et quelques tableaux.

Crançot, 509 h., c. de Conliége.

Crans, 257 h., c. des Planches. ⟶ Dans l'église, Sainte-Famille, de l'école flamande.

Crenans, 218 h., c. de Moirans.

Cressia, 772 h., c. d'Orgelet. ⟶ Château bien conservé de l'amiral Coligny. — Grotte de Jean Mercier; double source du ruisseau de Belle-Brune.

Crillat, 204 h., c. de Saint-Laurent. ⟶ Restes de l'ancien château de Sur-la-Plaine. — Source du Grand-Dard.

Crissey, 295 h., c. de Dole.

Crotenay, 504 h., c. de Champagnole.

Crozets (les), 190 h., c. de Moirans.

Cuisia, 614 h., c. de Beaufort. ⟶ Le porche de l'église appartient à l'édifice primitif; clocher, chapelle et chœur du XVIᵉ s.; nef reconstruite au commencement du XIXᵉ.

Cuttura, 511 h., c. de Saint-Claude.

Cuvier, 505 h., c. de Nozeroy.

Cyr (Saint-), 261 h., c. d'Arbois.

Dammartin, 259 h., c. de Montmirey. ⟶ On y a trouvé de nombreux débris antiques qui ont fait supposer à quelques archéologues que le village occupe l'emplacement de l'ancienne ville de *Dittatium*. — Château du XVIIIᵉ s.

Damparis, 870 h., c. de Dole.

Dampierre, 1,014 h., ch.-l. de canton, sur le Doubs, arr. de Dole.

Darbonnay, 191 hab., c. de Sellières. ⟶ Église: chœur du XVᵉ s.; reliques de saint Vincent et de saint Denis.

Denezières, 165 h., c. de Saint-Laurent. ⟶ Tilleul de 9 mèt. de tour.

Deschaux (le), 1,056 hab., c. de Chaussin. ⟶ Château.

Desnes, 565 hab., c. de Bletterans.

Dessia, 200 hab., c. de Saint-Julien. ⟶ Chœur de l'église du XIIIᵉ s.

Deux-Fays, 581 hab., c. de Chaumergy.

Didier (Saint-), 287 hab., c. de Lons-le-Saunier.

Digna, 354 hab., c. de Saint-Amour. ⟶ Église très-ancienne de Châtel.

Dole, 12,924 hab., chef-lieu d'arrondissement, sur le Doubs et le canal du Rhône au Rhin. ⟶ L'église Notre-Dame est un édifice gothique du xvi⁰ s., lourd et disgracieux. On y remarque une bonne copie de la Transfiguration de Raphaël; le pavé mosaïque du chœur et du sanctuaire, le maître-autel en marbre blanc (1850), les orgues (1517-1550), et le mausolée du chancelier Carondelet. A l'extérieur, contre le flanc nord de l'église, bassin de fontaine bien sculpté, et piédestal qui supportait, avant 1793, une statue de Louis XVI. Ces deux ouvrages sont du statuaire dolois Attiret. — Les bâtiments de l'ancien Parlement servent de halle aux grains et d'hôtel de ville. — Dans la rue de Besançon (n° 56) se trouve la maison de Jean Vurry, un des trois édifices restés debout après le sac de 1479. — Plus loin se voit la cave d'Enfer, ainsi nommée à cause de la défense désespérée de quelques habitants en 1479 (V. Histoire). — La rue Cordière a conservé la façade de l'hôtel de ville, élevé sur les dessins du président Boyvin, qui se distingua pendant le siège de 1636; dans la cour, tour de Vergy. — Dans la rue des Arènes, le portail du palais de justice, autrefois le couvent des Cordeliers, date, dit-on, de 1572. — L'hôtel-Dieu (1518), construit d'après les dessins du président Boyvin, offre un aspect assez original. — Dans les bâtiments du collège, dont l'église (monument historique) est due aussi à Boyvin, sont établis la bibliothèque (40,000 volumes, 700 manuscrits) et le musée, fondé en 1821 et déjà riche en tableaux et en antiquités. — Le théâtre date de 1843 — Maisons de la Renaissance, entre autres l'hôtel de Balay, dans la rue Mont-Roland. — Ruines d'un pont attribué aux Romains, sur le Doubs. — Fontaines publiques nombreuses, les principales sont : la fontaine de l'Enfant, par Rosset; la fontaine de la rue des Arènes, par Attiret. — Belle promenade du Pasquier. — De l'esplanade du cours Saint-Maurice, magnifique paysage.

Domblans, 570 hab., c. de Voiteur. ⟶ Château où logèrent Charles le Téméraire et Henri IV. — A Blandans, restes d'un château mêlé à des constructions plus récentes

Dompierre, 312 hab., c. d'Orgelet.

Doucier, 452 hab., c. de Clairvaux. ⟶ Château de Collondon (1655). — A l'extrémité est du lac de Châlin (V. p. 9), au milieu de beaux arbres et de magnifiques prairies, s'élève le château de Châlin, fondé au xiii⁰ s., reconstruit au xv⁰ et xvi⁰, mais bien mutilé depuis. On y remarque encore : la porte de la chapelle dans la tour de l'ouest, la cheminée monumentale de la cuisine, les boiseries et les peintures du salon du premier étage. — Lacs de Chambly (V. p. 10.) — Sites pittoresques.

Dournon, 146 hab., c. de Salins.

Doye, 174 hab., c. de Nozeroy.

Doye (la), V. Ladoye.

Dramelay, 140 hab., c. d'Arinthod. ⟶ Ruines d'un château détruit en 1479.

Éclans, 504 h., c. de Rochefort. ⟶ Château; dans le parc, tumulus romain.

Écleux, 319 hab., c. de Villers-Farlay.

Écrilles, 100 hab., c. d'Orgelet. ⟶ Source de la Valouse.

Entre-Deux-Monts, 191 hab., c. des Planches.

Épy, 178 hab., c. de Saint-Julien. ⟶ Église, chœur du xiii⁰ s.; dans le mur, fragments de sculpture.

Équevillon, 121 hab., c. de Champagnole.

Essards (les), 462 hab., c. de Chaussin.

Essavilly, 127 hab., c. de Nozeroy. ⟶ Croix du xv⁰ s.

Esserval-Combe, 56 hab., c. de Nozeroy.

Esserval-Tartre, 299 hab., c. de Nozeroy. ⟶ Dans l'église, beau retable en bois.

Essia, 176 hab., c. d'Orgelet. ⟶ Grotte.

Étival, 382 hab., c. de Moirans. ⟶ Lacs.

Étoile (L'), 651 hab., c. de Lons-le-Saunier. ⟶ Église de 1812; bel autel en marbre et bon tableau. — Sur la montagne, ruines d'une église et d'un château. — Château moderne de Persange. — Belle maison de la Pise.

Étrepigney, 582 hab., c. de Dampierre.

Évans, 510 hab., c. de Dampierre. ⟶ Cascade de l'Étang. — Perte d'un ruisseau dans un gouffre.

Faisses (les), 221 hab., c. de Poligny. ⟶ Ruines d'un château de 1301.

Falletans, 455 hab., c. de Rochefort. ⟶ Église : chœur du XIII° s.; beau retable en pierre de la Renaissance ; jolies statuettes en albâtre; statue très anciennne de Notre-Dame. — Restes d'une commanderie de Templiers transformés en ferme.

Favière (la), 109 hab., c. de Nozeroy.

Fay-en-Montagne, 226 hab., c. de Poligny ⟶ Dans l'église, tombeau de saint Guy, but de pèlerinage.

Ferté (la), 390 hab., c. d'Arbois.

Fétigny, 200 hab., c. d'Arinthod.

Fied (le), 576 hab., c. de Voiteur.

Florencia, 92 h., c. de Saint-Julien.

Foncine-le-Bas, 467 hab., c. des

Dole.

Planches. ⟶ Dans l'église, beau maitre-autel en marbres variés et bon tableau (*la Délivrance de saint Pierre*).

Foncine-le-Haut, 1320 hab., c. des Planches. ⟶ Église de Saint-Léger : la partie inférieure des nefs date de 1546; la partie supérieure et le chœur, de 1615-1699. — Source de la Saine (V. p. 8.) — Caverne du Creux-Maldru.

Fontenu, 187 hab., c. de Clairvaux. ⟶ Lac et château de Châlin (V. Doucier).

Fonteny, 120 hab., c. de Salins. ⟶ Source et cascades de la Furieuse

Fort-du-Plasne, 654 hab., c. de Saint-Laurent. ⟶ Église de 1820 : boiseries du chœur, maître-autel et plusieurs tableaux. — Lac de 300 mètres de longueur sur 150 de largeur.

Foucherans, 584 hab., c. de Dole. ⟶ Église : tableaux curieux.

Foulenay, 317 h., c. de Chaumergy.

Fraisans, 2,964 hab., c. de Dampierre. ⟶ Château de 1713 : escalier, riches boiseries, jolie chapelle, vaste parc.—Château des Forges; beau parc. — Pont suspendu de 80 mètres de portée.

Francheville, 69 hab., c. de Chaumergy.

Franois (le), 254 hab., c. de Clairvaux. ⟹ Dans l'église, tableaux en relief (épisodes de la Vie de la Vierge), provenant du monastère de Romainmotier. — Au milieu du village, croix fort ancienne. — Petits lacs du Franois, de Macus et de Narlay.

Fraroz, 166 hab., c. de Nozeroy.

Frasne, 301 hab., c. de Montmirey. ⟹ Dans l'église (1560), bons tableaux et belles boiseries (chaire et confessionnal).

Frasnée (la), 62 h., c. de Clairvaux. ⟹ Source du Drouvenant (V. p. 10), près de laquelle est une grande caverne qui a été murée et qui a servi de refuge aux habitants pendant les guerres du XVII° s.

Frébuans, 297 hab., c. de Lons-le-Saunier. ⟹ A Saint-Georges-des-Champs, église, une des plus anciennes de la contrée.

Froide-Fontaine, 500 hab., c. de Nozeroy. ⟹ Dans l'église, jolies statuettes en pierre; et devant, très-belle croix en pierre du XVI° s.

Froideville, 171 h., c. de Chaumergy.

Frontenay, 487 hab., c. de Voiteur. ⟹ Ancien château. — Église en partie romane, partie du XV° s.; bons tableaux.

Gatey, 501 hab., c. de Chaussin.

Gendrey, 642 hab., ch.-l. de c., arr. de Dole. ⟹ Camp romain près du bois de Lahie. — Grotte des Sarrasins. — Curieux bas-relief dans le mur du cimetière.

Genod, 187 hab., c. d'Arinthod. ⟹ Grottes et rochers.

Geraise, 153 hab., c. de Salins. ⟹ Grotte de Vaux.

Germain-en-Montagne (Saint-), 359 h., c. de Champagnole. ⟹ Pierre-Lithe, mon. druidique. — Église : reliques de saint Germain; bons tableaux. — Ancien prieuré de l'ordre de Saint-Benoît. — A Sérilly et aux Hermettes, nombreuses antiquités gallo-romaines, restes de l'ancienne ville de *Placentia*.

Germain-lès-Arlay (Saint-), 467 h., c. de Voiteur.

Germigney, 174 hab., c. de Montbarrey. ⟹ Château de 1780 renfermant une curieuse collection d'armes, de costumes et d'objets rares.

Geruge, 169 hab., c. de Lons-le-Saunier.

Gevingey, 718 hab., c. de Lons-le-Saunier. ⟹ Église de la Renaissance. — Château de 1657; portail flanqué de deux grosses tours à base quadrangulaire; grande cour et corps de logis flanqué de tours; beau parc. — Maison de campagne du Mont-Orient, sur la montagne.

Gevry, 449 hab., c. de Dole. ⟹ Église romane.

Gigny, 757 hab., c. de Saint-Julien. ⟹ Église prieurale : chœur et façade du XV° s.; belles statues et sculptures; porte d'entrée (1495) richement nervée en ogive; sanctuaire voûté à plein cintre et à berceau; chœur voûté en ogive (trois belles fenêtres). — Grotte ou baume de Loysia (120 mèt. de profondeur) renfermant des ossements humains.

Gillois, 406 hab., c. de Nozeroy.

Gizia, 527 hab., c. de Beaufort. ⟹ Source de la Salle; caverne dont l'entrée a plus de 30 mèt. de hauteur; vallon fermé par un rocher de 200 mèt.

Goux, 267 hab., c. de Dole.

Grand-Châtel, 94 hab., c. de Moirans. ⟹ Du haut de la côte boisée de Châtillon, très-belle vue sur la vallée de la Bienne.

Grande-Rivière, 585 hab., c. de Saint-Laurent. ⟹ Lac de l'Abbaye (V. p. 11); petit lac des Brenets.

Grange-de-Vaivre, 75 hab., c. de Villers-Farlay.

Granges-sur-Baume, au bord de rochers à pic dominant les gorges de Baume, 295 hab., c. de Voiteur. ⟹ Dans l'église (1809), trois belles statues en pierre. — Vaste caverne ayant son entrée sur la vallée de Baume.

Graye-et-Charnay, 308 hab., c. de Saint-Amour. ⟹ Petite église très-ancienne sur un monticule isolé, planté d'arbres séculaires. Aux quatre angles du cimetière, petites croix de pierre monolithes anciennes.

Gredisans, 176 h., c. de Rochefort.

Grozon, 784 hab., c. de Poligny.

Dans l'église de Notre-Dame, belles sculptures au maître-autel, au baptistère et à la chaire. — Château de Maillot, flanqué de deux tours rondes.
Grusse, 555 hab., c. de Beaufort.
Hautecour, 94 hab., c. de Clairvaux.
Haute-Molune, 859 hab., c. des Bouchoux.
Hays (les), 502 h., c. de Chaussin.
Hymetière (Saint-), 107 hab., c. d'Arinthod. ⟶ Belles grottes.
Ivory, 217 hab., c. de Salins. ⟶ Château du XV° s. — Arbre dont le tronc creux a 18 mèt. de circonférence.
Ivrey, 195 hab., c. de Salins. ⟶ Chapelle du XV° s.; tabernacle et retable très-beaux. — Caverne.
Jean-d'Étreux (Saint-), 317 hab., c. de Saint-Amour. ⟶ Église Saint-Jean-Baptiste; porte principale, chœur et clocher (belles fenêtres) du XIV° s.; derrière l'église, tête du XI° s. grossièrement sculptée. A l'intérieur, ancien tabernacle, statuettes en bois des Évangélistes, deux tableaux exécutés à l'aiguille sur tissu.
Jeure, 358 hab., c. de Moirans. ⟶ Pont suspendu. — Beaux rochers; grotte de Nerbier. — Joli château moderne. — Sites pittoresques.
Jouhe, 554 hab., c. de Rochefort. ⟶ Ruines d'un couvent de moines Noirs, sur la montagne isolée du Mont-Roland (vaste panorama); ruines de l'église et d'une fameuse statue de Roland; Vierge miraculeuse. — Église bâtie, en 1851, par les Jésuites, sur la montagne.
Julien-sur-le-Suran (Saint-), 724 h., chef-lieu de canton, arr. de Lons-le-Saunier. ⟶ Beau château moderne.
Lac-des-Rouges-Truites, 536 h., c. de Saint-Laurent. ⟶ Lac.
Ladoye, 200 hab., canton de Voiteur. ⟶ Cascade de Bohignon.
Lains, 355 hab., c. de Saint-Julien.
Lajoux-Mijoux, 656 hab., commune la plus élevée du départ. (1182 mètres d'altitude), c. de Saint-Claude.
Lamain (Saint-), 245 hab., c. de Sellières. ⟶ Château renfermant de bons tableaux et de belles sculptures sur bois. — Vieux manoir de la Sauge.
Lamarre, 504 hab., c. de Voiteur.

Lamoura, 855 h., c. de Saint-Claude.
Lanéria, 59 h., c. de Saint-Julien.
Larderet (le), 165 hab., c. de Champagnole.
Largillay-Marsonnay, 184 hab., c. de Clairvaux.
Larnaud, 787 hab., c. de Bletterans. ⟶ On y a découvert en 1865 une fonderie celtique.
Larrivoire, 196 h., c. des Bouchoux.
Latet (le), 151 h., c. de Champagnole.
Latette (la), 208 hab., c. de Nozeroy.
Laurent (Saint-), 1,166 hab., chef-lieu de canton, arr. de Saint-Claude, a été presque entièrement détruit par un incendie en 1867.
Laurent-la-Roche (Saint-), 467 h., c. de Beaufort. ⟶ Église du XIV° s.
Lavancia, 165 h., c. de St-Claude. ⟶ Pont suspendu sur la Bienne.
Lavangeot, 120 h., c. de Rochefort.
Lavans, 230 h., c. de Rochefort. ⟶ Château : le donjon et deux tours remontent à l'époque romane; porte à mâchicoulis du XIV° s., parfaitement conservée; puits remarquable. — Église du XIV° s.
Lavans-lès-Saint-Claude, 625 h., c. de Saint-Claude.
Lavans-sur-Valouse, 576 hab., c. d'Arinthod. ⟶ Église du XIII° s.
Lavigny, 515 hab., c. de Voiteur. ⟶ Jolie chapelle moderne. — Puits Tétenoz, précipice de 15 mètres de profondeur sur 6 de diamètre.
Lect, 521 h., c. de Moirans.
Légna, 577 hab., c. d'Arinthod. ⟶ Dans l'église (XVIII° s.), reliques de saint François de Sales et tableau représentant saint Pierre. — Lac de Montadroit, au sommet d'une montagne. — Fontaine et puits d'Antea.
Lent, 166 h., c. de Champagnole.
Leschère, 505 h., c. de St-Claude.
Lézat, 288 hab., c. de Morez.
Loisia, 564 h., c. de St-Amour. ⟶ Source du Suran. — Grottes curieuses. — Ruines romaines où l'on a trouvé une statue équestre, aujourd'hui à Paris.
Lombard, 310 hab., c. de Sellières.
Longchaumois, 1,765 hab., c. de Morez. ⟶ Château. — Cascade de Pisse-Vieille, dont les eaux font mouvoir l'usine de la Rixouse.

Longcochon, 125 hab., c. de Nozeroy. ⟶ Croix en pierre de 1634.

Longwy, 819 hab., c. de Chemin.

Lons-le-Saunier, 11,591 hab., chef-lieu du département, sur la Vallière, dans un bassin riant formé par des collines couvertes de vignes. ⟶ Église Saint-Désiré, bâtie sur une crypte romane ; quelques piliers de l'église supérieure appartiennent au même style. — Dans l'église des Cordeliers (chapelles des XIVe et XVe s.), boiseries du chœur et chaire richement sculptées. — Chapelle ogivale moderne du séminaire, près du palais de justice (1827-1846). — Préfecture (beaux jardins) occupant l'ancien couvent des Bénédictins, restauré. — Hôpital construit (1734-1744) sur le plan de celui de Besançon ; dans la cour, buste de Bichat (1839), par Huguenin, et belle grille en fer forgé. — L'hôtel de ville, construit (1735-1743) sur l'emplacement de l'ancien château des princes de Châlon, renferme la bibliothèque publique (20,000 vol. ; fort beau meuble) et le musée (collections de poteries et objets gallo-romains, d'histoire naturelle ; épée offerte en 1856 au général Cler par la ville de Salins ; petits modèles de la Bastille et des salines de Montmorot ; bustes des généraux Cler, Pichegru, Lecourbe, etc., d'Antide Janvier, par Huguenin ; charmante statuette en marbre de la Dubarry ; tableaux de Luca Giordano, Dietrich, Boucher, Both, Bauduins, etc.). Au rez-de-chaussée, école de dessin (charmante statue en marbre par Perraud). — Places de la Paix, ornée d'une statue en bronze de la Vénus de Médicis (1844), et de l'Hôpital (statue d'Hébé, par Forestier, 1841). — Caserne. — Élégant hôtel de la Succursale de la Banque de France. — Lycée. — École normale. — Théâtre élevé en 1845 sur les fondations d'une grande église construite sur les plans de Soufflot et restée inachevée. — Sur la Grand'Place, statue en bronze du général Lecourbe, par Étex (1857). — Promenade de la Chevalerie. — Établissement de bains d'eaux salées.

Lothain (Saint-), 1,035 rab., c. de Sellières. ⟶ Église en partie du XIe s., renfermant un curieux bas-relief en albâtre (la Conversion de saint Hubert), la châsse contenant les reliques du saint patron, une belle statue en pierre de la Vierge et un bénitier de 1560. Dans la crypte (X[e] ou XIe s.), sarcophage monolithe en pierre (XIe s.) de saint Lothain, fontaine également en pierre appelée la fontaine d'huile. Dans le cimetière, belle croix moderne en fer forgé. — Ancien château abbatial (XVe s.) qu'un mur sépare aujourd'hui des jardins, dont les murs très-épais sont en partie garnis de lierre.

Loulle, 240 hab., c. de Champagnole. ⟶ Église du XVIe s. (chœur plus ancien.)

Loup (Saint-), 394 h., c. de Chemin.

Louvatange, 147 h., c. de Gendrey.

Louvenne, 316 h., c. de Saint-Julien.

Louverot, 213 hab., c. de Voiteur.

Loye (la), 763 hab., c. de Montbarrey.

Lupicin (Saint-), 716 hab., c. de Saint-Claude. ⟶ Église du XIe s. (mon. hist.) ; nefs voûtées en 1734 ; flèche octogonale ; chaire en pierre (1634) ; châsse contenant les reliques de saint Lupicin ; deux anciens reliquaires et bons tableaux. — Maison prieurale du XIVe s.

Macornay, 685 hab., c. de Lons-le-Saunier. ⟶ Église : nef et chapelle du XIVe s. ; les autres chapelles et le chœur sont du XVIe ; jolie chaire sculptée. — A Vaux-sous-Bornay, conduits souterrains où coule le ruisseau de Savignard ; deux grottes sous le château de Bornay.

Maisod, 250 hab., c. de Moirans. ⟶ Église de 1693 ; la table de communion est une pierre tumulaire de 1527. — Croix de pierre près de laquelle saint François de Sales et sainte Jeanne de Chantal se firent leurs adieux.

Malange, 215 hab., c. de Gendrey. ⟶ Dans l'église (1748), groupe en pierre de 1583.

Mallerey, 121 hab., c. de Beaufort.

Mantry, 1,305 hab., c. de Sellières.

Marangea, 81 hab., c. d'Orgelet. ⟶ La Balme ou Baume, caverne large de 6 mètres à l'orifice et profonde de 100 mèt. — Rocher de la Tuffière, percé d'une multitude de grottes.

Marigna-sur-Valouse, 264 hab., c. d'Arinthod. ❯❯❯ Château avec donjon et grotte; tour ronde percée de meurtrières à l'angle sud-est. — Belles boiseries dans l'église.

Marigny, 525 h., c. de Clairvaux.

Marnézia, 178 hab., c. d'Orgelet. ❯❯❯ Église de 1457, agrandie en 1668. — Rocher de la Chaise-du-Diable. — Ruines d'un fort ou d'un temple païen, sur la roche Pagan.

Marnoz, 337 hab., c. de Salins. ❯❯❯ Château. — Dans l'église, beau bas-relief sur bois (l'Adoration des Mages). — Vestiges du château de Saint-Michel. — Belle aiguille de rocher sur la montagne du Château.

Marpain, 186 hab., c. de Montmirey-le-Château ❯❯❯ Chapelle ogivale du XVᵉ s.; tombe richement ciselée. — Château moderne de Mont-Rambert; reste de l'ancien château une tour octogonale du XIVᵉ s.

Martignat, 286 hab., c. de Moirans

Pont de Saint-Claude.

❯❯❯ Lac de Chanon (600 mèt. de longueur sur 200 de largeur).

Martin (Saint-), commune de Voiteur. ❯❯❯ Château moderne; tour de l'ancien château; dans la cour, près d'une chapelle, sépultures anciennes.

Mathenay, 216 hab., c. d'Arbois.

Maur (Saint-), 390 hab., c. de Conliège. ❯❯❯ Église en partie romane; belle chaire en bois sculpté; châsse ogivale (reliques de saint Maur).

Maurice (Saint-), 430 h., c. de Saint-Laurent. ❯❯❯ Dans l'église, beau reliquaire en argent doré et guilloché (1616).

Maynal, 714 hab., c. de Beaufort. ❯❯❯ Donjon ruiné et petite tour, restes du château. — Église du style ogival tertiaire; à l'intérieur, stalles du chœur et belle châsse contenant les reliques de saint Clod ou saint Cloud.

Menétrux-en-Joux, 144 hab., c. de Clairvaux. ❯❯❯ Lacs de Chambly, cascade de l'Hérisson. — Cavernes qui servirent de refuge aux habitants pendant les guerres de Louis XIV.

Menétrux-le-Vignoble ou **sur-Blandais**, 348 hab., c. de Voiteur.

Menotey, 633 hab., c. de Rochefort. ⟹ Dans l'église, belle statue en marbre blanc.

Mérona, 47 hab., c. d'Orgelet. ⟹ Château. — Grotte de la Vie-Neuve.

Mesnay, 836 hab., c. d'Arbois. ⟹ Château du Vernois.

Mesnois, 294 hab., c. de Clairvaux.

Messia, 370 h., c. de Lons-le-Saunier.

Meussia, 298 hab., c. de Moirans.

Mièges, 282 hab., c. de Nozeroy. ⟹ Église curieuse : portail ogival admirablement sculpté. A l'intérieur, belles statues et statuettes, stalles et retables de la Renaissance; bons tableaux. Ancienne chapelle servant de sacristie et décorée de pendentifs remarquables de légèreté, qui supportent au centre le Christ et aux angles les Évangélistes. — Chapelle Notre-Dame de l'Ermitage, pèlerinage très-fréquenté.

Miéry, 421 hab., c. de Poligny. ⟹ Dans l'église, tabernacle richement sculpté. — Ancienne maison forte avec tourelles à meurtrières. — Source de la Brenne, dans le bois de la Fraisière.

Mignovillard, 696 hab., c. de Nozeroy. ⟹ On remarque dans l'église la chaire à prêcher (style Louis XV), les boiseries du sanctuaire, le maître-autel et de bons tableaux. — Dans la forêt de la Haute-Joux, grotte du Mont-Sarrazin (20 mèt. de profondeur sur 4 mèt. de largeur) dont l'intérieur fait l'effet d'une église. — Dans les pâturages de la Combe-Noire, grotte des Antrey.

Mirebel, 549 hab., c. de Conliége. ⟹ Dans l'église (XIII° et XVII° s.), peinture représentant l'ancien château. —Le mont de Leutte, sur lequel subsistent quelques vestiges de l'ancien château de Mirebel, a 400 mèt. de longueur sur 20 de largeur. Il ressemble à un mur colossal hérissé de créneaux. Au sommet, statue de la Vierge (belle vue sur le lac de Châlin, la vallée de l'Ain, le mont Poupet et jusqu'aux pics neigeux du Mont-Blanc). — Entre Mirebel et Crançot, débris de l'église de l'ancienne ville de An ou de On, ruinée dans les guerres du XIII° et du XIV° s.

Moirans, 1258 hab., chef-lieu de canton. ⟹ Église du XVI° s. — Lac d'Antre, de forme ovale, qui se déverse par un canal souterrain dans l'Héria, affluent de la Bienne. Sur ses rives existait une ville romaine qui a laissé des vestiges et des inscriptions transportées au musée de Besançon.

Moiron, 273 hab., c. de Lons-le-Saunier. ⟹ Château du XV° s. — Jolie croix en pierre dans le cimetière.

Moissey, 816 hab., c. de Montmirey-le-Château. ⟹ Château du XVIII° s., flanqué de 4 tours.—Dans la forêt de la Serre, grotte druidique de l'Ermitage, à 2 étages.

Molain, 268 hab., c. de Poligny. ⟹ Grotte de la forêt de Malrocher. — Fontaine druidique de la Coinche. — Nombreux tumuli.

Molamboz, 263 hab., c. d'Arbois. ⟹ Château. — Église ogivale (fin du XVI° s.) renfermant une gracieuse chaire à prêcher, un très-bel autel et un bon tableau (un Christ).

Molay, 420 hab., c. de Chemin. ⟹ Église moderne, bâtie dans l'enceinte d'un vieux château dont il reste quelques vestiges. — Château moderne (bibliothèque estimée).

Molinges, 413 h., c. de St-Claude. ⟹ Belle cascade; vaste grotte. — Source formée par les eaux du déversoir du lac de l'Abbaye (p. 11).

Molpré, 141 hab., c. de Nozeroy.

Molunes (Les), 595 hab., c. de Saint-Claude.

Monay, 276 h., c. de Sellières. ⟹ Château de l'Hermitage.

Monnet-la-Ville, 160 hab., c. de Champagnole. ⟹ Baume-du-Ternois, cavité profonde. — Dans la plaine entre Monnet et Pont-du-Navoy, vaste tumulus appelé le Tertre des Squelettes, et plusieurs autres de moindre dimension, où y trouve une grande quantité de débris d'armes.

Monnetay, 113 h., c. de St-Julien.

Monnières, 180 hab., c. de Dole.

Montagna-le-Reconduit, 339 hab., c. de Saint-Amour. ⟹ Source du Besançon. — Fontaine du Puits-Salé.

Montagna-le-Templier, 397 hab., c. de Saint-Julien. ⟹ Chœur de l'église du XIV° s. — Chapelle Saint-Alban.

Montaigu, 771 hab., c. de Conliége. ⟶ Nef de l'église du xiiiᵉ s.

Montain, 358 hab., c. de Voiteur. ⟶ Dans l'église, retable de la Renaissance et 2 bons tableaux.

Montbarrey, 465 hab., dans le Val d'Amour, sur la Loue, chef-lieu de canton, arr. de Dole. ⟶ Vestiges de l'ancien château.

Montcusel, 254 hab., c. de Moirans.

Monteplain, 99 h., c. de Dampierre.

Montfleur, 440 h., c. de St-Julien.

Montholier, 575 hab., c. de Poligny. ⟶ Ruines d'un château du xvᵉ s., à Rabeur.

Montigny-les-Arsures, 551 hab., c. d'Arbois. ⟶ Beaux points de vue. — Deux châteaux, dont l'un (xvᵉ s.), bâti par Guy Arménier, premier président au parlement de Bourgogne, dont l'épitaphe se voit dans l'église paroissiale (en partie antérieure au xiiiᵉ s.), servit d'habitation à Henri IV pendant le siége d'Arbois (1595); il ne reste que les tours des constructions primitives. — Maison, flanquée de deux tours, où logea Biron. — Beau viaduc du chemin de fer (15 arches hautes de 28 mèt.), long de 250 mèt.

Montigny-sur-Ain, 274 hab., c. de Champagnole.

Montjouvent, 111 hab., c. d'Orgelet. ⟶ Château.

Montmalin, 295 hab., c. d'Arbois.

Montmarlon, 52 hab., c. de Salins.

Montmirey-la-Ville, 581 hab., c. de Montmirey-le-Château. ⟶ Beau château moderne avec parc et bibliothèque spéciale d'écrivains franc-comtois.

Montmirey-le-Château, 419 hab., chef-lieu de canton, arr. de Dole. ⟶ Ruines d'un château fort sous lequel s'étendent de vastes souterrains où l'on a trouvé des réserves considérables de grains destinés sans doute à la garnison pendant une des guerres du xviᵉ s.

Montmorot, 1,955 hab., c. de Lons-le-Saunier. ⟶ Ruines d'un donjon bâti sur l'emplacement d'un château où Clotilde fut, dit-on, enfermée par son oncle avant son mariage avec Clovis; tour pittoresque. — Pèlerinage de Notre-Dame de Montciel (maison professe de jésuites).

Montrevel, 257 h., c. de St-Julien.

Montrond, 578 hab., c. de Champagnole. ⟶ Il reste d'un château du xiiiᵉ s. une tour carrée, bâtie au sommet d'une colline boisée (vaste panorama). — Jolie église moderne. — Château moderne de la Roche.

Mont-sous-Vaudrey, 951 hab., c. de Montbarrey. ⟶ Ancien manoir du Château-Gaillard.

Mont-sur-Monnet, 426 hab., c. de Champagnole. ⟶ Baume de Balerne, ensemble de grottes communiquant les unes avec les autres (500 mèt. de profondeur, 10 mèt. de largeur et 12 mèt. de haut.). — Ruines de l'abbaye de Balerne, fondée au xiiᵉ s. — Château moderne (jardin anglais). — Ruines du château de Monnet.

Morbier, 1657 hab., c. de Morez. ⟶ Cascade du Soutet. — Bizarres rochers des Trois-Commères. — Beaux sites.

Morez, 5,119 hab., ville industrielle, pittoresquement située sur la Bienne, à 700 mèt. d'altitude, et formant une longue rue au fond d'une gorge encaissée entre de hautes montagnes; chef-lieu de canton, arr. de St-Claude, sur la Bienne. ⟶ Fontaine monumentale sur la grande place. — A Morez-le-Bas, grotte de la Doye-Gabet, ouverte sur la rive dr. de la Bienne et d'où sort parfois un torrent considérable. — A Morez-le-Haut, source de la Doye-Magnin, jaillissant au pied de la roche de Trélarce. — Belles promenades et beaux points de vue sur le Béchet, montagne située entre la route des Rousses et celle de Saint-Claude. — Au nord du Béchet, la Roche-Fendue, ouverture large de 12 mèt., dans un rocher dont une partie semble menacer la ville.

Morval, 66 hab., c. de Saint-Julien.

Mouchard, 771 hab., c. de Villers-Farlay. ⟶ Ancien château. — Château moderne des Varaches.

Mouille (La), 431 hab., c. de Morez.

Mournans, 165 hab., c. de Nozeroy. ⟶ Pierres Lithe.

Moussières (Les), 534 hab., c. des Bouchoux. ⟶ Dans l'église, statue de Rosset.

Moutenne, 141 hab., c. d'Orgelet. ⟶ Château reconstruit en partie en 1758.

Moutoux (Le), 96 hab., c. de Champagnole.

Mutigney, 425 h., c. de Montmirey-le-Château. ⟹ Château du xv° s.

Muy (Le), 450 hab., c. de Salins.

Nanc, 428 hab., c. de Saint-Amour. ⟹ Dans l'église, curieux tabernacle. — Château du xiv° s., restauré en 1717 et servant de maison d'école; au milieu de la façade principale, grosse tour ronde; deux tours carrées aux angles de la façade postérieure.

Nance, 428 hab., c. de Bletterans. ⟹ Église des xii° et xiii° s. — Ancien château.

Nancuise, 130 h., c. d'Orgelet.

Nans (Les), 244 hab., c. de Nozeroy. ⟹ Église ogivale du xvi° s. renfermant une chaire richement sculptée. — Ruines du château de la Berne. — Belles grottes de la Doye.

Nantey, 203 hab., c. de Saint-Amour. ⟹ Menhir de Pierrefiche. — Gouffre où se perd un ruisseau.

Nenon, 92 hab., c. de Rochefort. ⟹ Deux châteaux. — Caverne dans un rocher du Doubs.

Nermier, 114 hab., c. d'Orgelet. ⟹ Tumuli gaulois. — Grotte d'où sort un ruisseau.

Neublans, 611 hab., c. de Chaussin. ⟹ Beau château.

Neuvilley, 143 hab., c. de Poligny.

Nevy-lès-Dole, 296 hab., c. de Chaussin.

Nevy-sur-Seille, 507 hab., c. de Voiteur. ⟹ Dans l'église (clocher pittoresque), chaire gothique sculptée. — Sous le rocher de Chapelle-Voland, grotte qui a servi de refuge. — Grotte-au-Guerrier, où séjourna Lacuzon.

Ney, 300 hab., c. de Champagnole. ⟹ Château moderne.

Nogna, 522 hab., c. de Conliége. ⟹ Nombreux tumuli. — A Poids-de-Fiole, puits en forme de fiole, creusés par les Romains.

Nozeroy, 864 h., chef-lieu de canton, sur la Serpentine. ⟹ Église du xv° s.; beaux vitraux représentant sainte Anne, le Christ sur la croix et saint Joseph; statuettes, tableaux, ostensoir très-ancien. — A l'entrée de la ville, porte de l'Horloge, grosse tour carrée dont la face extérieure est garnie de mâchicoulis. — Ruines d'un château fort. — Au moulin du Saut, jolie cascade de la Serpentine, haute de 15 mèt.

Offlanges, 567 hab., c. de Montmirey-le-Château. ⟹ Belle église décorée de pilastres d'ordre composite; christ en ivoire; statues colossales des Apôtres; reliques du saint sépulcre et de la chaire de saint Pierre.

Onglières, 257 hab., c. de Nozeroy.

Onoz, 509 hab., c. d'Orgelet. ⟹ Lac oval de 300 mèt. dans sa plus grande dimension. — Dans l'église, beau groupe de sculpture; tombe du P. Odoardi, ermite, mort en 1736; image de la Vierge, pèlerinage. — Dans la montagne, ancien château de Vire-Châtel. — Restes de la Chartreuse de Vaucluse (V. ce mot).

Orbagna, 343 hab., c. de Beaufort. ⟹ Ruines du château de Crèvecœur.

Orchamps, 705 hab., c. de Dampierre. ⟹ C'est l'ancienne station romaine de Crusinie. — Voie et camp romains. — Église: chœur reconstruit en 1450; nef ajoutée en 1550 (l'ogive y alterne avec le plein cintre). — Sur la route de Besançon, maison forte du xi° s. dont les hautes murailles ont 3 mèt. d'épaisseur. — Au Vieux-Château, motte artificielle sur laquelle s'élevait une tour.

Orgelet, 1,757 hab., chef-lieu de canton, arr. de Lons-le-Saunier. ⟹ Antiquités celtiques, (menhirs, pierres levées, tombelles) et romaines, surtout à l'étang de l'École. — Dans l'église (clocher ogival haut de 55 mèt.): tabernacle du maître-autel; lutrin en forme d'aigle habilement sculpté; belles stalles du chœur; bons tableaux. — Ruines de l'ancien château (belle vue sur les vallées de l'Ain et de la Valouse). — Restes de remparts (porte du bourg de Merlia, tour et pans de murs; tour percée d'une porte voûtée, près de l'ancien couvent des Bernardines). — Tilleul très-ancien sur la promenade de l'Orme. — Sur une esplanade, statue colossale de la Vierge.

Ougney, 439 hab., c. de Gendrey. ⟹ Ruines considérables d'un château du xv° s. (mon. hist.), ayant conservé son donjon de 17 mèt. de diamètre.

Ounans, 575 h., c. de Villers-Farlay.

Our, 192 hab., c. de Dampierre.

Oussières, 429 hab., c. de Poligny.

Pagney, 456 hab., c. de Gendrey.

Pagnoz, 195 hab., c. de Villers-Farlay. ⟶ Chapelle; jolies boiseries et bon tableau (saint Michel Archange). — Ruines pittoresques du château de Vaugrenans.

Pannessières, 571 hab., c. de Conliége. ⟶ Restes d'un vieux château.

— Aiguille de rochers haute de 30 mèt. dite Pierre-à-Dieu, qui fut autrefois l'objet d'un culte.

Parcey, 672 hab., c. de Dole. ⟶ Dans le cimetière, belle croix (1615).

Pasquier (Le), 266 hab., c. de Champagnole. ⟶ Église : sculptures de la chaire à prêcher et tableau de la Sainte-Famille attribué à Holbein. — Château de 1687

Passenans, 791 hab., c. de Sellières.

Patornay, 155 hab., c. de Clairvaux.

Orgelet.

⟶ Jusqu'au pont de la Saisse, le lit de l'Ain n'est qu'une roche tranchée horizontalement et remplie de crevasses.

Peintre, 280 hab., c. de Montmirey-le-Château. ⟶ Château (beau parc). — Antique chapelle ombragée par deux beaux marronniers au tronc commun.

Perrena (La), 104 hab., c. des Planches. ⟶ Pierre-du-Cuard ou château Sarrasin.

Perrigny, 800 hab., c. de Conliége.

Peseux, 290 hab., c. de Chemin.

Petit-Mercey (Le), 104 hab., c. de Gendrey.

Petit-Noir, 1,182 hab., c. de Chemin. ⟶ Église reconstruite en 1661; chaire richement sculptée et belle tombe représentant en grand relief une abbesse de Château-Châlon.

Petit-Villard, 166 h., c. de Nozeroy.

Petites-Chiettes, 445 hab., c. de Saint-Laurent. ⟶ Dans l'église, maître-autel richement orné et belle chaire à prêcher. — 20 min. suffisent pour faire le tour du lac de Bonlieu (*V.* p. 9), à l'ombre des hêtres et des sapins qui, sur certains points, baignent leurs branches dans ses belles eaux et atteignent des proportions colossales. Sur la rive N. du lac, bâtiments modernes dans lesquels subsistent quelques débris de la chartreuse de Bonlieu, fondée en 1170 par Hugues de Montmorot, supprimée pendant la Révolution et démolie depuis cette époque.

Piards (Les), 148 hab., c. de Saint-Laurent.

Picarreau, 235 hab., c. de Poligny.

Pierre (Saint-), 417 hab., c. de Saint-Laurent. ⟶ Lac de l'Autel.

Pillemoine, 117 hab., c. de Champagnole.

Pin (Le), 222 hab., c. de Voiteur. ⟶ Château de 1242, bien conservé; donjon et tour du xv° s.; chambre où coucha Henri IV.

Plainoiseau, 495 hab., c. de Voiteur.

Plaisia, 162 hab., c. d'Orgelet.

Planches-en-Montagne (Les), 206 hab., chef-lieu de canton, arr. de Poligny, sur la Saine. ⟶ Sombre défilé de la Langouette (*V.* p. 4). — Saut de la Pisse (25 mèt.). — Cascade du Bief-du-Bouchon.

Planches-près-Arbois (Les), 116 h., c. d'Arbois. ⟶ Sources de la Cuisance (*V.* p. 14). — Tunnel percé dans la montagne de Châtelbœuf, pour le passage de la route d'Arbois à Champagnole.

Plasne, 412 hab., c. de Poligny.

Plénise, 169 hab., c. de Nozeroy.

Plénisette, 69 hab., c. de Nozeroy.

Pleure, 600 hab., c. de Chaussin. ⟶ Belle église de 1786. — Mur du Moû-de-Pleure, jetée de terre entourée de fossés, qui passe pour une fortification gauloise.

Plumont, 230 hab., c. de Dampierre.

Poids-de-Fiole, 215 hab., c. de Conliége. ⟶ Nombreux tumuli et puits remontant à la conquête romaine. — Restes d'un hypogée. — Débris d'un camp romain.

Pointre, 198 hab., c. de Montmirey-le-Château. ⟶ Église du xv° s. (statue ancienne de saint Didier.

Poisoux, 145 h., c. de Saint-Amour.

Poitte, 720 hab., c. de Clairvaux.

⟶ Fort belle chute de l'Ain appelée Saut de la Saisse (12 mèt. de hauteur sur 150 de largeur). — Ruines d'une ville gallo-romaine où M. Le Mire a fait pratiquer des fouilles intéressantes.

Poligny, 5,010 hab., chef-lieu d'arrond., à l'entrée de la Culée de Vaux, charmant vallon arrosé par la Glantine; au pied d'un rocher abrupt, le Dent, à la base duquel naît l'Orain. ⟶ Pierre-qui-Vire, monument mégalithique affectant la forme d'un homme chargé d'une hotte, et qui, d'après la légende, tourne sur lui-même le jour de Noël à minuit. — Roche du Midi. — Grottes du Pénitent, du Trou de la Lune et du Trou de la Baume. — Tour de la Sergenterie et autres restes des anciennes fortifications. — Débris du château de Grimont, bâti, dit-on, au ix° s. par Gérard de Roussillon, restauré au xv° s. par Louis XI et démoli après la conquête française de 1674. — Église paroissiale de Saint-Hippolyte (1429); sous le porche (au trumeau), beau Christ monolithe et bas-relief représentant l'écartèlement de saint Hippolyte; à l'intérieur, bons tableaux, statues du xv° s., boiseries de la chaire et du chœur, table de communion en marbre blanc. — Ancienne église des Jacobins (xiii° s.) servant de halle au blé. Le couvent (magnifique marronnier) est affecté à la sous-préfecture et au télégraphe; au-dessous, anciens cachots de l'Inquisition. — Église du Montivillard, offrant un clocher roman; à l'intérieur, magnifique retable (fort endommagé) monolithe en pierre, de 1534, dont les sculptures figurent l'Annonciation, la Nativité et l'Adoration des Mages. — Couvent des Clarisses (xv° s.), rebâti au xvii° s.; puits dont l'existence serait due, dit-on, à un miracle de sainte Colette. — Dans l'hôtel de ville (1684-1780), surélevé d'un étage dans ces dernières années, bibliothèque et musée qui possède une collection d'histoire naturelle et notamment un énorme saurien découvert lors de la construction du chemin de fer; belle salle de bal (tableaux et portraits). — Sur la place, statue en bronze du général Travot, reproduction de celle de la Roche-sur-Yon, œuvre de Maindron. — A la promenade Crochet, buste en bronze de l'historien Chevalier, par Max Claudet. — Maison mère du Saint-Esprit. — Hôtel de Bauffremont.

Pont-d'Héry, 262 hab., c. de Salins. ⟶ Ruines du château de Vaux-Grillet. — Sources de la Furieuse. — Cascade de Fauperrier.

Pont-du-Navoy, 527 hab., c. de Champagnole.

Pontoux, 97 h., c. de St-Claude.

Port-Lesney, 707 hab., c. de Villers-Farlay. ⟶ Restes de constructions romaines et source appelée Fontaine de Bacchus. — Dans l'église, remarquable polyptique représentant des scènes du Nouveau Testament ; la porte principale est surmontée de deux groupes de jolies statuettes ; remarquables boiseries de la chaire. — Sur un roc escarpé, chapelle de Notre-Dame de Lorette (XVIIe s.).

Château du Pin, d'après une photographie de M. Cloz.

Pratz, 508 hab., c. de Moirans. ⟶ Ruines (4 tours et chapelle) d'un château du XIIe s. ayant appartenu au père de Lamartine, qui a tiré de là son nom patronymique de Prat. — Vue grandiose sur la vallée de la Bienne. — Pour Saint-Romain, V. ce mot.

Prémanon, 747 hab., c. de Morez.

Prénovel, 270 h., c. de St-Laurent.

Présilly, 288 hab., c. d'Orgelet. ⟶ Ruines remarquables (XVIe s.) du château fort de la Baume.

Pretin, 170 hab., c. de Salins. ⟶ Restes de l'ancien château. — Source de la Vache. — Dans l'église, panneaux de la chaire provenant de l'ancienne abbaye ruinée de Château-sur-Salins (IXe s.), dont il subsiste des ruines.

Publy, 411 hab., c. de Conliège. ⟶ Donjons démantelés de Binans (XIIe s.) et de Beauregard, ce dernier sur la montagne de Leutte, à 607 mèt. d'altitude.

Pont-du-Navoy, 511 hab., c. de Champagnole.

Pupillin, 458 hab., c. d'Arbois. ⟶ Jolie église ogivale moderne.

Pymorin, 491 hab., c. d'Orgelet. ⟶ Ruines d'un château fort. — Abîme des Ponts, immense soupirail qui communique avec les grottes de Gigny.

Quintigny, 314 h., c. de Bletterans.

Rahon, 808 hab., c. de Chaussin. ⟶ Chapelle de Notre-Dame Miraculeuse des Bois ou des Affligés, reconstruite en 1745; pèlerinage fréquenté.

Rainans, 331 hab., c. de Rochefort.

Ranchette, 121 h., c. de St-Claude.

Ranchot, 407 hab., c. de Dampierre.

Rans, 656 hab., c. de Dampierre. ⟶ Beau château, restauré; il reste des constructions primitives le donjon, l'aile orientale et une partie du côté N.; tour quadrangulaire qui s'ouvre sur la cour; aux deux extrémités extérieures de l'aile N. sont encore deux des anciennes tours; on y retrouve les styles roman tertiaire, ogival et de la Renaissance.—Église: chœur et travée de la nef, du XIVᵉ s. Dans le cimetière, belle croix du XIVᵉ s. — Pont suspendu.

Ravilloles, 548 h., c. de St-Claude.

Recanoz, 182 h., c. de Chaumergy.

Relans, 286 hab., c. de Bletterans.

Repôts (Les), 127 hab., c. de Bletterans.

Réthouse, 155 h., c. d'Orgelet.

Revigny, 412 hab., c. de Conliège. ⟶ Église; chaire à prêcher richement sculptée; beau tabernacle en marbre blanc; belle croix ancienne ornée d'incrustations en nacre représentant des personnages de l'Ancien et du Nouveau Testament. — Vastes grottes ayant servi de refuge pendant les guerres de la Franche-Comté avec la France. La principale a une ouverture cintrée de 15 mèt. de hauteur à la voûte.—Source de la Vallière, sous la roche de Blin.

Rivière-Devant, 190 hab., c. de Saint-Laurent. ⟶ Belle église du style ogival tertiaire, très-beau maître-autel. Elle forme, avec un bâtiment de ferme et le presbytère, les seuls restes d'une abbaye. — Ruines de la maison forte de la Ferté-en-Grandvaux.

Rix, 171 hab., c. de Nozeroy.

Rixouse (la), 460 hab., c. de Saint-Claude. ⟶ Grotte de la Caruva, d'où s'échappe, pendant les grandes eaux, un ruisseau qui se jette dans la Bienne. — Près d'une papeterie, roche haute de 20 m., offrant l'aspect de couteaux de miel cristallisés, d'une extrême blancheur.

Rochefort, 516 hab., chef-lieu de canton, sur le Doubs. ⟶ Vestiges d'un château fort qui servit de prison à plusieurs personnages célèbres. — Vue splendide du haut de la roche du Saut de la Pucelle.

Rogna, 301 hab., c. des Bouchoux.

Romain, 220 hab., c. de Gendrey

Romain-de-Roche (Saint-), commune de Pratz. ⟶ Église du XIVᵉ siècle, au sommet d'une montagne escarpée dominant la Bienne de 267 mèt.; dans le trésor, belle châsse du XIIIᵉ s. et Christ byzantin. — Dans la montagne escarpée de la Balme, grotte immense qui servit de refuge à Lacuzon.

Romange, 105 hab., c. de Rochefort. ⟶ Ruines du château de Trével. — Villa de M. de Pourtalès.

Rosay, 407 h., c. de Beaufort. ⟶ Vieux château des comtes de Romanet.

Rotalier, 419 hab., c. de Beaufort. ⟶ Beau château (1694-1703), en partie reconstruit en 1776; magnifique galerie de tableaux où sont représentés Téniers, Murillo, Véronèse, Van der Meulen; parc magnifique; cèdre du Liban d'une hauteur prodigieuse.

Rothonay, 515 hab., c. d'Orgelet. ⟶ Grottes. — Puits naturel au fond duquel mugit une rivière souterraine qui n'apparaît qu'à plus de 4 kil. au delà.

Rouffange, 161 hab., c. de Gendrey.

Rousses (les), 2518 hab., c. de Morez. ⟶ Le fort, commencé en 1843 est long de 1,000 mètres, large de 180, sans compter les fossés; il est entouré de 10 bastions et renferme trois vastes casernes en pierre de taille. — Lac de 84 hectares.

Ruffey, 1,305 hab., c. de Bletterans. ⟶ Dans l'église, tombeaux des généraux Gauthier et Lecourbe; le château, bâti par ce dernier en 1814, sert de mairie et d'école.

Rye, 511 hab., c. de Chaumergy. ⟶ Château. — A Baimey, fossés (380 mèt. de longueur) et petite motte, restes d'un camp ou castrum.

Saffloz, 225 hab., c. de Cairvaux.
Saizenay, 254 hab., c. de Salins.
⟶ Chaire décorée de peintures.
Salans, 476 hab., c. de Dampierre.
Saligney, 285 hab., c. de Gendrey.
⟶ Dans l'église, beaux retables en bois. — Dans un mur du cimetière, précieux tabernacle ogival en pierre, richement sculpté.
Salins, 6,271 hab., ville connue par ses salines (*V. Industrie*, p. 571), chef-lieu de canton (arrond. de Poligny), presque entièrement détruit par un incendie en 1825; sur la Furieuse et au pied du mont Poupet (855 mèt. d'altitude), siège d'un tribunal de commerce, place de guerre de 2° classe défendue par deux forts. Le fort Belin se compose de la redoute de Grelimbach, du Haut et du Bas-Belin. Du Haut-Belin on descend par un escalier de 180 marches, que protégent des murs crénelés, au Bas-Belin ou ermitage Saint-Anatoile. Le fort Saint-André, qu'une distance de 1,100 mèt. à vol d'oiseau sépare du précédent, a été construit par Vauban, démantelé par les Alliés en 1814, et reconstruit depuis. Sur la porte principale de l'enceinte, on lit la devise de Louis XIV: *Nec pluribus impar*. —

Poligny.

Vieilles tours et porte de l'ancienne enceinte. — Église Saint-Anatoile, fondée au XI° s., endommagée maintes fois par l'incendie et récemment restaurée. Singulier mélange des styles roman et gothique, cet édifice se compose de trois nefs, d'un transsept, d'une abside et d'un chœur. Le vaisseau a 55 mèt. 20 c. de longueur dans œuvre, sur 14 mèt. 70 c. aux collatéraux et 24 mèt. 50 c. à la croisée. La grande nef est séparée des bas-côtés par 12 arcades ogivales que supportent 14 piliers, dont 8 cylindriques; au-dessus règne, entre deux cordons, une charmante galerie romane, composée de 56 arcades. On remarque aussi à l'intérieur: les boiseries du chœur et des pierres tombales des XIV° et XV° s. La porte d'entrée est finement sculptée.
— Église Saint-Maurice (XIII° s.), mutilée pour l'élargissement de la Grand'Rue et renfermant une Descente de croix en marbre, un beau vitrail et une curieuse statue équestre de saint Maurice en costume du temps de Louis XII. — Dans l'église Notre-Dame, rebâtie depuis l'incendie de 1825, bons tableaux. — La chapelle de Notre-Dame Libératrice, enclavée dans l'hôtel de ville, contient une Mater dolorosa d'un statuaire de Dole, nommé Huguenin. — Devant l'hôtel de ville (1750), sur la place d'Armes, statue

du général Cler, par Perraud (1855). A côté, fontaine monumentale du statuaire Devosge, construite en 1720 (une Naïade assise dans une niche rustique). — Près de l'hôtel du Sauvage, en face des Salines, fontaine ornée d'un Vendangeur en fonte, par Max Claudet. — Dans la rue du Bourg-Dessous, sur une fontaine, statue fruste (il n'en reste que le torse et la tête) d'une belle exécution, dont on ignore l'origine. — A la bibliothèque (9,000 vol.), établie dans l'ancienne église des Jésuites, tapisseries exécutées à Bruges en 1501 et tableau représentant Salins au XVII° s. — Hôpital de 1690 possédant un bon Christ du peintre Wyrsch. — Près de la promenade Barbarine, buste en bronze assez vulgaire que supporte un piédestal en marbre de Saint-Ylie sur lequel un génie en bronze écrit en lettres d'or le mot « Patrie ». Ce monument a été élevé, avec le produit d'une souscription publique, « aux victimes des combats de Salins, 25-26-27 anvier 1871 ». — Bel établissement de bains. — Près de la fontaine de Bracon, bel arbre de la liberté, planté en 1792. — A 5 kil. à l'E. de Salins, près du faubourg de Blégny, dans un enfoncement de la première chaîne du Jura, cascade de Gouailles, dont les trois chutes ont ensemble 120 mèt. de hauteur. Après les jours d'orage et de pluie, le ruisseau qui forme cette cascade arrose une belle pelouse, en face de l'ancienne abbaye de Gouailles, de l'ordre de Saint-Augustin, fondée en 1192 et occupée aujourd'hui par une manufacture de ouate. Sur le portique de l'église, on lit cette inscription : *Scopus laborum Deus*, « Dieu est le but de nos travaux. »

Sampans, 567 hab., c. de Dole.
Santans, 436 h., c. de Montbarrey.
Sapois, 172 h., c. de Champagnole.
Sarrogna, 500 hab., c. d'Orgelet. ➡ Château gothique de la Villette, restauré en 1602 et en 1682. — Dans l'église, jolie statuette de la Vierge et belle châsse.
Saugeot, 206 h., c. de St-Laurent.
Savigna, 519 hab., c. d'Arinthod.
Séligney, 171 hab., c. de Chaussin.
Sellières, 1,750 hab., chef lieu de canton, sur la Brenne. ➡ Jolie église moderne, style du XIII° siècle. — Dans l'ancienne église (XVI° siècle), belles boiseries des stalles et de la chaire. — Porte du Bourg-Neuf, taillée dans le roc; elle faisait partie des fortifications.
Senaud, 118 hab., c. de St-Amour.
Septmoncel, com. industrielle de 1,510 hab., c. de Saint-Claude. ➡ Buste du jurisconsulte Dalloz. — Cascades du Flumen. — Près de Montépile, grottes des Sarrasins. La grotte supérieure a 20 mètres sur 7; elle est séparée par un pilier de la grotte inférieure, qui a 15 mètres de largeur.
Sergenaux, 156 h., c. de Chaumergy
Sergenon, 178 h., c. de Chaumergy.
Sermange, 348 hab., c. de Gendrey.
Serres-les-Moulières, 249 hab., c. de Gendrey. ➡ Ouverture du Trou-Perdu, dans laquelle se précipitent les eaux des coteaux environnants.
Sézéria, 47 hab., c. d'Orgelet. ➡ Dans la plaine, vieille construction ombragée d'arbres séculaires.
Siéges, 131 h., c. des Bouchoux.
Sirod, 786 h., c. de Champagnole. ➡ Belle église romano-ogivale contenant six chapelles et dix autels. Les piliers et la partie inférieure des murs sont romans; les voûtes et le clocher, du XIII° s.; le porche, le chœur et plusieurs chapelles, du XV° s. et de la Renaissance; nombreuses statuettes et statues; ostensoir très-ancien; reliquaire d'argent renfermant une statuette en bois de la Vierge. — Château de Montrichard. — Tunnel de 134 mèt., pour le passage de la route de Champagnole, sous la montagne du Chauffand ou de Châteauvillain. — Cascade de l'Ain, l'une des plus belles du Jura (17 mèt. de haut sur 45 m. de largeur). — Rocher de la Commère.
Songeson, 172 h., c. de Clairvaux.
Soucia, 259 hab., c. de Clairvaux.
Souvans, 616 hab., c. de Montbarrey. ➡ Devant l'église, belle croix gothique en pierre. — Château de la Menue.
Soyria, 50 hab., c. de Clairvaux.
Supt, 288 hab., c. de Champagnole. ➡ Eglise en partie du XVI° s. — Caverne du Paradis ou du Grouin de la Chatonnière.

Syam, 405 hab., c. de Champagnole. →→ Deux gros blocs de rochers appelés pierres du château des Sarrasins, et entourés de vestiges de retranchements. — Cascades de l'Ain, de la Saine et de la Lemme.

Tancua, 177 hab., c. de Morez.
Tassenières, 656 h., c. de Chaussin.
Tavaux, 1,438 hab., c. de Chemin.
Taxenne, 245 hab., c. de Gendrey. →→ Ancienne et belle chapelle de Notre-Dame. — Belle vue sur la vallée de l'Ognon, le Jura, les Alpes.

Thervay, 806 hab., c. de Montmirey-le-Château. →→ Restes d'un ancien château modernisé. — Fontaine élégante. — Église : nef du xv° s.; belles boiseries du baptistère et de la chaire. — A 600 mèt. à l'E. du village, sur un monticule rocheux dominant l'Ognon, subsistent des ruines du château de Balançon (2 tours carrées), décoré au xvi° s. par la maison de Rye et habité au siècle dernier par le duc de Randan.

Thésy, 149 hab., c. de Salins.
Thiébaud (Saint-), 136 hab., c. de Salins.
Thoirette, 551 hab., c. d'Arinthod. →→ Bonnes sculptures dans l'église. — Pont en fil de fer sur l'Ain. — Sites pittoresques.

Thoiria, 247 hab., c. de Clairvaux. →→ Cascade du Saut-Girard.
Thoissia, 155 hab., c. de St-Amour.
Toulouse, 761 hab., c. de Sellières. →→ Haut pan de mur, reste d'un château, et église sur une hauteur d'où l'on découvre un beau panorama. — Jolie chapelle ogivale moderne des forges de Baudin.

Tour-du-Meix (la), 384 hab., c. d'Orgelet. →→ Dans l'église, autel où sont représentés en bas-relief les 5 Mages, et chapelle ornée d'un beau Christ en marbre. — Ruines d'un château du xii° siècle. — Belle grotte dite Baume à Varoz, où le célèbre chef de partisans se laissa mourir de faim en 1674, plutôt que de se rendre aux Français; grotte de la Thomasette. — Pittoresque défilé du pont de la Pile, sur l'Ain (une arche de 50 mètres). — Camp antique dominant l'Ain, au champ des Sarrasins. — Tumulus du Tourné.

Tourmont, 585 hab., c. de Poligny.
Treffay, 74 hab., c. des Planches.
Trenal, 481 h., c. de Lons-le-Saunier.
Uxelles, 118 hab., c. de St-Laurent.
Vadans, 508 hab., c. d'Arbois. →→ Sur la colline, murs d'enceinte et tour imposante d'un ancien château, qui a été remplacé par un château moderne. Cette tour, haute d'une quarantaine de mèt. et entourée de magnifiques jardins, renferme les restes du général Delort. — Dans l'église, en partie du xiii° s., chaire, belles statues de saint Grégoire et de saint Augustin, deux bons tableaux sur bois, et reliquaire exécuté par Claude Dejoux, sculpteur qui a fait exécuter sur son plan et à ses frais la fontaine de la place (inscription composée par le général Delort). — Au hameau de Saint-Pierre, clocher roman carré, avec fenêtre géminée sur chaque face du beffroi.

Valempoulières, 356 hab., c. de Champagnole.
Valfin-lès-Saint-Claude, 659 hab., c. de Saint-Claude.
Valfin-sur-Valouse, 224 hab., c. d'Arinthod. →→ Château ancien (curieuses tapisseries). — Grotte et source de la Balme. — A Soussonne, sur le bord de la Valouse, rocher à forme humaine appelé l'*homme* de Soussonne.

Vannoz, 178 h., c. de Champagnole.
Varessia, 64 hab., c. d'Orgelet. →→ Église du xv° siècle.
Vaucluse, commune d'Onoz. →→ Chartreuse fondée en 1139, sur l'Ain, dans un des sites les plus austères du Jura. Une porte monumentale donne accès dans une cour bordée par l'ancienne église, une chapelle et quelques bâtiments d'exploitation; les jardins, en quelque sorte suspendus, sont soutenus par 12 ou 13 arches dont les pieds baignent dans l'Ain.

Vaudioux (le), 249 hab., c. de Champagnole. →→ Cascade du Mont-Cornu ou Saut de Jean Roy.
Vaudrey, 587 hab., c. de Montbarrey. →→ Château de 1738-1740; beau parc. — Église : parties du xiii° s.; belle statue de saint Antoine, en marbre; mausolée de Maximilien de Vaudrey.

Vaux-lès-Molinges, 598 hab., c. de

Saint-Claude. ➜ Dans l'église, ancienne nappe d'autel, brodée en guipure, d'un travail admirable.

Vaux-sur-Poligny, 575 hab., c. de Poligny. ➜ Dans la Culée de Vaux, ancienne abbaye, fondée en 1020, et occupée par un petit séminaire dont la jolie chapelle moderne a été construite dans le style ogival du XIIIᵉ s. — Cascade de 15 mèt. formée par la Glantine.

Vercia, 395 hab., c. de Beaufort.

Verges, 167 hab., c. de Conliége. ➜ Château ancien de la famille de Grandfontaine.

Véria, 415 hab., c. de Saint-Amour.

Vernantois, 777 hab., c. de Lons-le-Saunier. ➜ Énorme tilleul, vieux de 500 ans, devant l'église.

Vernois (le), 250 hab., c. de Voiteur.

Vers-en-Montagne, 517 hab., c. de Champagnole. ➜ Ruines d'un château du XVᵉ s. — Motte de Malpas, entourée de fossés et d'un rempart.

Vers-sous-Sellières, 492 hab., c. de Sellières. ➜ Tumulus élevé de Moulin-la-Motte, entouré d'un fossé.

Vertamboz, 222 hab., c. de Clairvaux.

Vescles, 514 hab., c. d'Arinthod. ➜ Château d'Holipherne (1252), sur un mont presque inaccessible de 802 mèt. d'altitude (vue superbe). En face s'élèvent les Aiguilles des Trois-Dames, rochers qui sont, avec le château, le sujet de légendes.

Vevy, 280 hab., c. de Conliége.

Vieille-Loye (la), 606 hab., c. de Montbarrey. ➜ Ruines d'un château des ducs de Bourgogne.

Villard-sur-Ain, 79 hab., c. de Clairvaux. ➜ Tumuli.

Villard-Saint-Sauveur, 504 hab., c. de Saint-Claude.

Villard-la-Rixouse, 297 hab., c. de Saint-Claude. ➜ Belle grotte de la Pontoise.

Villards-d'Héria (les), 577 hab., c. de Moirans. ➜ A 1 kilomètre en remontant l'Héria, nombreux vestiges d'une cité antique, la ville d'Antre, bâtie, probablement au Iᵉʳ siècle de l'ère chrétienne; portion d'aqueduc appelée pont des Arches; restes d'un bâtiment carré qui aurait été un temple. — Lac d'Antre. — Puits-Blanc, d'où l'on tirait des paillettes d'or sous Charles le Chauve.

Villechantria, 237 hab., c. de Saint-Julien. ➜ Restes d'un château féodal. — Église: chœur du XIVᵉ siècle; beau bas-relief en bois représentant les Apôtres et l'ordination de saint Mathias. — Sur la montagne, énorme tilleul datant de la domination espagnole.

Villeneuve-d'Aval, 250 hab., c. de Villers-Farlay.

Villeneuve-lès-Charnod, 263 hab., c. de Saint-Julien.

Villeneuve-sous-Pymont, 299 hab., c. de Lons-le-Saunier. ➜ Ruines du château de Pymont sur la montagne.

Villers-Farlay, 715 hab., chef-lieu de canton, sur la Loue, arr. de Poligny. ➜ Dans l'église (chœur du XVᵉ s.), boiseries de la chaire et des tabernacles. — Camp romain.

Villers-les-Bois, 442 hab., c. de Poligny.

Villers-Robert, 323 hab., c. de Chaussin.

Villerserine, 120 h., c. de Sellières.

Villette-lès-Arbois, 404 hab., c. d'Arbois.

Villette-lès-Dole, 501 hab., c. de Dole. ➜ Dans l'église, retable décoré de colonnettes torses, de niches et de statuettes. — Beau château moderne.

Villette-lès-Saint-Amour, 255 hab., c. de Saint-Amour. ➜ Ruines du château de l'Aubépin; ancienne chapelle de Saint-Garados, pèlerinage.

Villevieux, 970 hab., c. de Bletterans.

Villey (le), 233 h., c. de Chaumergy.

Vincelles, 576 hab., c. de Beaufort. ➜ Belle cascade du ruisseau de Cinquétral. — Château de la Rochelle (tombeau du colonel Secrétan).

Vincent, 510 hab., c. de Chaumergy.

Viremont, 108 hab., c. d'Arinthod. ➜ Lac. — Château ruiné.

Viry, 853 hab., c. des Bouchoux. ➜ Lac elliptique (5 hectares), long de 1,000 mètres sur 500 de largeur.

Viseney (le), 222 h., c. de Poligny. ➜ Château du XVᵉ s.; beau parc.

Vitreux, 405 hab., c. de Gendrey. ➜ Sur les bords de l'Ognon, près d'une belle forêt, ruines de l'abbaye d'Acey, fondée en 1136 pour des religieux de Cîteaux : l'église, dont il ne reste que le chœur et une portion de la nef, est un beau spécimen de l'architecture romano-ogivale du XII° s.; les Trappistes, qui en ont pris récemment possession, doivent la restaurer.

Voiteur, 1,207 hab., chef-lieu de canton, sur la Seille, arr. de Lons-le-Saunier. ⟶ Ancien château de Charrin, converti en couvent d'Ursulines. — A Saint-Martin, vieux château ayant conservé une tour de l'ancien manoir; dans la cour, près d'une chapelle, chef-d'œuvre d'un maçon du pays, sépultures anciennes.

Vosbles, 570 hab., c. d'Arinthod.
Vriange, 295 hab., c. de Rochefort.
Vulvoz, 109 hab., c. des Bouchoux. ⟶ Belle cascade du Vulve.

Ylie (Saint-), 129 hab., village célèbre par ses belles carrières de pierre, c. de Dole. ⟶ Église reconstruite en 1803; belles peintures attribuées à Moïse Valentin (XVII° siècle); belle Vierge de Fragonard.

Typographie Lahure, rue de Fleurus, 9, à Paris.

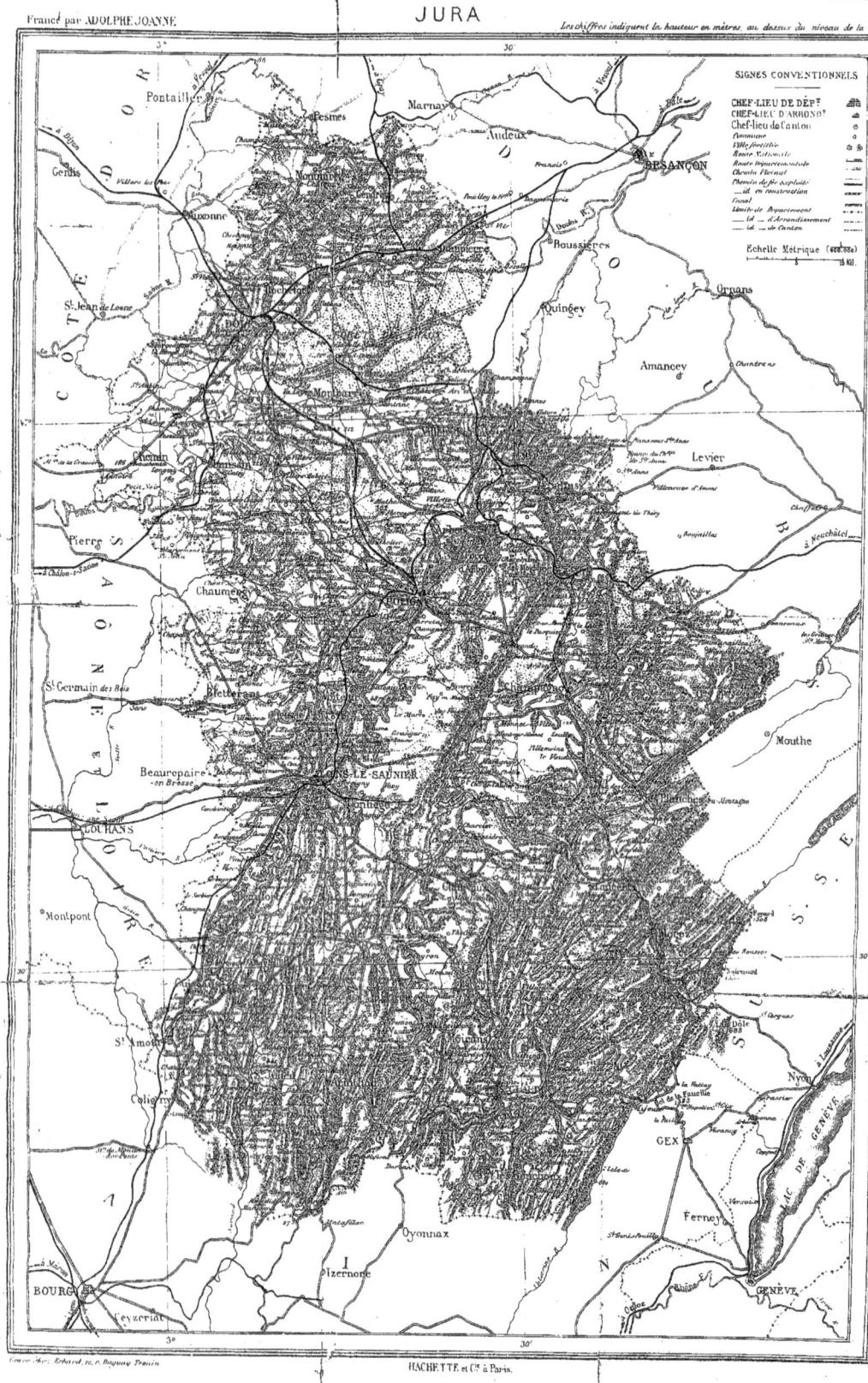

*Toutes les Géographies de la collection
sont en vente*

Imp. A. Lahure, 9, rue de Fleurus, à Paris.

www.ingramcontent.com/pod-product-compliance
Lightning Source LLC
LaVergne TN
LVHW051457090426
835512LV00010B/2199